丛书编委会

大家精要

李鸿章

王林 著

陕西师范大学出版总社

图书代号 SK16N1486

图书在版编目（CIP）数据

李鸿章/王林著. —西安：陕西师范大学出版总社
有限公司，2017.1（2024.1重印）
（大家精要）
ISBN 978-7-5613-7657-7

Ⅰ.①李…　Ⅱ.①王…　Ⅲ.①李鸿章（1823—
1901）—传记　Ⅳ.①K827=52

中国版本图书馆CIP数据核字（2016）第320879号

李鸿章　LI HONGZHANG

王　林　著

责任编辑	姚蓓蕾　郑若萍	
责任校对	尹海宏	
封面设计	张潇伊	
出版发行	陕西师范大学出版总社	
	（西安市长安南路199号　邮编710062）	
网　　址	http://www.snupg.com	
印　　制	永清县晔盛亚胶印有限公司	
开　　本	650 mm×930 mm　1/16	
印　　张	10	
字　　数	100千	
版　　次	2017年1月第1版	
印　　次	2024年1月第2次印刷	
书　　号	ISBN 978-7-5613-7657-7	
定　　价	45.00元	

读者购书、书店添货或发现印刷装订问题，请与本公司销售部联系、调换。

电话：（029）85303879　　传真：（029）85307864　85303629

目　录

第1章

三千里外欲封侯

李鸿章并无显赫的出身，他是靠科举和军功跻身统治者行列的。科举为他进入政坛提供了资本，而军功使他年仅40岁就成为封疆大吏。李鸿章一生事业是他充分利用时代的机遇，靠个人奋斗干出来的。

以科甲为庐郡望族

李鸿章，本名章铜，字渐甫，号少荃。1823年2月15日（清道光三年正月初五日），出生于安徽省庐州府合肥县（今肥东县）一个耕读之家。

李鸿章的祖先本姓许，明末为躲避战乱从江西湖口迁来合肥定居。李鸿章的八世祖许迎溪与同庄李心庄既是姻亲，又是好友，因李心庄没有儿子，便过继次子许慎所为其嗣子，改姓李。从许慎所开始，经君辅、汉申、士俊、椿、殿华、文安至鸿章，共历八世。

李家累世为耕读之家，十分清贫。在李汉申时清贫无田，至李士俊时已勤俭成家，有田二顷。李椿与其兄皆为秀才，曾与当地豪绅多次争讼，申辩得直，才得以安居。

李鸿章的祖父李殿华和父亲李文安对李鸿章的成长影响较大。李殿华曾两次参加乡试，未中，从此便放弃猎取功名的念头，在乡下带领儿孙一边种地，一边读书，近五十年未踏入城市一步。李文安自幼在父亲的督导下读书，经过多年的攻取，终于在1834年（道光十四年）考中举人，四年后考取进士，分发刑部任职，官至刑部督捕司郎中。由于李文安考取进士，在朝中做官，李家也由清贫的耕读之家，"以科甲奋起，遂为庐郡望族"。

李文安娶合肥李腾霄之女为妻。李氏秉性淑慎，教子有方，堪称贤妻良母。李鸿章任湖广总督期间，曾将老母接来武昌同住。后来李鸿章奉旨调任，按惯例应先把家眷迁出，李老夫人也多次催促搬家，但李鸿章却不为所动。待新官上任，直奔后堂叩拜，原来新官不是别人，正是大儿子李翰章。做母亲做到这个份上，真是天下最幸福的人。

李文安共有六子二女，六个儿子依次为翰章、鸿章、鹤章、蕴章、凤章、昭庆。长女李玉英，嫁给同县张绍棠。张家较富裕，对李家多有接济，张后来官至记名提督。次女李玉娥，嫁给同邑费日启，费后来官至江苏候补知府。

李家兄弟六人或做官，或经商，其事业大多与李鸿章有关。老大李翰章，性情敦笃，因父亲在京做官，他作为长子便挑起家庭重担，又秉持庭训，专攻举业。无奈科场不顺，直到1849年（道光二十九年）才被选为拔贡，朝考后得了一等，以知县分发到湖南。后进入曾国藩幕府，主持湘军粮台。此后官运亨通，官至湖广总督和两广总督。

1869 年（同治八年），湖广总督李鸿章奉旨前往四川查案，接替他位子的正是其兄李翰章。僚属们在黄鹤楼设宴款待兄弟二人，为排座位发愁。按级别，李鸿章官大，应坐首席；论辈分年龄，李翰章是大哥当推上座。于是有人提议，干脆留出两个空位，让他们兄弟二人自行决定。李氏兄弟入席时，李鸿章毫不客气地坐在首席，李翰章只得屈居次席。饭后，李鸿章还振振有词地对属官说：今天是官宴，我的官品高，理应坐首席，不能坏了国家的法度；如果改天再办私宴，请我大哥坐首席就是了。兄弟二人性格由此可见一斑。

老三李鹤章，科场屡试不第，遂弃举业。李鸿章回乡办团练，李鹤章也拉一支人马投靠，成为亲兵营统领。李鸿章创办淮军，李鹤章回乡招募一千名亲兵，押运辎重马匹，由江北陆路赶往上海与李鸿章会合。在苏南战场，李鹤章多次率亲兵营参战。攻下常州后，他被任命为甘肃甘凉道道员，嫌远未赴任。曾国藩接到北上"剿捻"的命令后，曾奏请他帮办行营事务，他更干脆称病回家。后来，他经常往来于南京、上海、天津之间，从事商业活动。

老四李蕴章，因幼时瞎了一只眼，所以一直留在老家。他一生值得一提的就是资助和主持修成了《续修庐州府志》。

老五李凤章，曾在湘军鲍超的"霆军"军营中总理营务。后侨居芜湖，经营房地产和典当业，兼放高利贷，发了大财，成为李家首富。

老六李昭庆，自幼聪明博学，但后来仕途颇为不顺。曾随李鸿章帮办淮军军务。曾国藩北上"剿捻"时，招李昭庆率领一支军队随行，以便协调淮军各部关系。可李昭庆少不更事，不堪磨难，在率部千里追击无功后，便心灰意冷，最后干脆不辞而别，跑回老家。年仅 39 岁就郁郁而终。

李鸿章排行老二，自幼由父亲开蒙，还跟本族李文淮（字仿仙）及当地塾师徐明经读过书。

受时代和家庭的影响，李鸿章走的是读书做官之路，而且一路顺畅。道光二十年（1840）考取秀才。道光二十三年在庐州府学获得优贡。李文安闻讯后，写信催他入京准备参加第二年顺天乡试。李鸿章此时意满气得，立志要干出一番大事业。他在《入都》诗中写道：丈夫只手把吴钩，意气高于百尺楼。一万年来谁著史，三千里外欲封侯。定须捷足随途骥，那有闲情逐野鸥。笑指芦沟桥畔路，有人从此到瀛洲。真是一副狂妄不羁的神态。曾国藩说李鸿章一生"拼命做官"，从这首他 21 岁写的诗中就能看出端倪。

道光二十四年，李鸿章中顺天恩科乡试第八十四名举人。次年，应乙巳恩科会试，未中。道光二十七年，参加丁未科会试，列二甲第十三名进士，朝考后改翰林院庶吉士。此时的李鸿章只有 25 岁，可谓少年得志。道光三十年庶吉士散馆，李鸿章以成绩优异而改授翰林院编修。从第二年起，累充武英殿纂修，国史馆协修。

李鸿章的原配姓周，比李鸿章大两岁。由于李鸿章先在京城做官，后又回乡办团练，周氏一直在家操持家务，孝敬婆婆。咸丰十一年，死于南昌，跟李鸿章没享什么福。继室赵小莲，比李鸿章小十五岁，出身名门，一家四代进士。李鸿章自娶了赵小莲后，官越做越大，因而有人说她有"旺夫运"。李鸿章 50 岁时，还讨了一位莫氏，比他小三十一岁。莫氏还为李鸿章生了一个儿子，赵小莲死后，她居然由侧室扶正，诰封为一品夫人。

李鸿章有三个儿子，长子李经方，本是李昭庆的儿子，过继给李鸿章为嗣子。1890 年至 1892 年他任驻日公使，1895 年随李鸿章赴日本马关谈判，在李鸿章受伤后被任命为钦差全权大臣，后又随李鸿章赴欧美游历，1911 年任邮传部左侍郎。次子李经述，赵小莲所生，1901 年李鸿章死后，由他承袭一等侯爵。三子李经迈，莫氏所生，曾任江苏等处按察使，署民政部右侍郎。

李鸿章还有一个比较有名的女婿叫张佩纶。张佩纶，字幼樵，号蒉斋，直隶丰润人，同治进士，是晚清"清流派"重要成员，以非议朝政、弹劾疆臣、不干实事、空发议论为得意。中法战争爆发前夕，他被朝廷任命为钦差大臣会办福建事务，并署理船政大臣。可怜张佩纶只能说，不能干，法国舰队闯进马尾军港，他不作开战准备，法国舰队司令下最后通牒，他竟要求改期再战。如此拿战争当儿戏，导致福建水师全军覆灭。马尾海战后，朝野上下纷纷上奏请求诛杀张佩纶，唯独李鸿章为其开脱。张佩纶革职戍边归来，李鸿章又将自己的三女儿李经寿（小名鞠藕）嫁给他。当时张佩纶 41 岁，比鞠藕大十六岁。这桩婚姻在当时引起诸多非议。张佩纶有一个很有名的孙女，那就是现代著名作家张爱玲。

翰林变作绿林

当翰林院编修李鸿章正在京城读书吟诗之际，南部中国却闹翻了天。咸丰元年（1851）洪秀全领导的"拜上帝会"在广西金田起义，军事行动势如破竹，仅用两年多的时间，就从广西打到长江流域，克武昌，下南京，建立了一个与清政府对峙的政权，并开始北伐和西征。一时间，湖南、湖北、江西、江苏等省硝烟弥漫，战事激烈，而李鸿章的老家安徽更成为太平军、捻军、清军、湘军、团练等各种力量相互厮杀的主战场。

面对太平军凌厉的攻势，清朝的"国军"绿营兵不堪一击，大清王朝摇摇欲坠。在清王朝生死存亡之际，咸丰皇帝除严令文官武将和绿营兵拼死抵抗外，还尽可能地动员整个地主阶级与太平军为敌，于是一股新的充满朝气的地方武装力量迅速崛起，很快成为太平军的劲敌，这就是由湖南在籍侍郎曾国藩组建的湘军，以及后来由李鸿章仿照湘军而成立的淮军。

李鸿章是以淮军起家的，可在淮军成立之前的数年间，他在安徽的征伐岁月却历经磨难，九死一生。

1853 年 3 月初的一天，在京城的李鸿章闲来无事，便到城南海王村（即琉璃厂）逛书摊。正巧遇到一位安徽老乡，这位老乡拉着李鸿章说：你难道不知道省城安庆已被太平军攻占了吗？还有心思在这里闲逛！他让李鸿章快在京城找人想办法。李鸿章听后很受震动，于是便去找好友吕贤基。

吕贤基，安徽旌德人，官至工部左侍郎，与李鸿章相友善，经常让李为自己草拟奏章言事。李鸿章到了吕家，将眼前的严峻形势讲了一通，劝吕赶快上奏朝廷请求发兵。吕便让李起草奏章。李鸿章连夜写好奏章，派人送往吕家，希望明天早朝时递上。第二天中午，李鸿章前往吕家打听。谁想刚进大门，就听屋内哭声一片，如同死了人一般。等走进厅堂，只见吕贤基从内室跳出来，一把抓住李鸿章，破口大骂：你小子可把我害苦了。我递上你写的奏章，皇上竟命我回安徽办团练，剿灭太平军，可我哪会打仗啊！你这不是把我往火坑里推吗？不过，你也休想逃脱，我已奏明皇上，命你与我一道前往。就这样，李鸿章被吕贤基"裹挟"回安徽，走进了血雨腥风、生死难测的战场。

还有一个说法是，吕贤基认为既然是救安徽，那么，安徽在京官员谁也休想置身事外。于是他又要求调王茂荫的儿子随行。王茂荫，安徽歙县人，官至户部右侍郎。他与吕贤基一样，都是当时安徽在朝的大官。这下又惹恼了王茂荫，他认为都是李鸿章点的火，于是又保举李鸿章之父李文安回乡办团练。可李文安也不好欺负，他又奏调吕贤基的儿子吕锦文随行。这相互拉扯、一同赴死的戏剧性一幕，充分说明了当时安徽形势的严峻以及清朝官员的养尊处优，他们大多是被逼着走上与太平军作战之路的。

1853 年 3 月，李鸿章及袁甲三随同工部侍郎吕贤基赴安徽帮办团练防剿事宜。当时安徽的形势是巡抚蒋文庆刚刚在安庆战死，朝廷命周天爵署理巡抚。周天爵在宿州上奏，请求将省治迁往庐州府，改安庆为府城，并说军机吏治难以兼顾。于是朝廷命李嘉瑞为巡抚，周天爵以兵部侍郎衔办理防剿事宜，并命吕贤基会同周天爵、李嘉瑞编练团勇。这看似周全的部署，其实危机重重，一省三帅，各争雄长。

但当时安徽的团练势力却发展很快，主要有庐江的吴廷香和吴长庆父子、合肥的张树声和张树珊兄弟、周盛波和周盛传兄弟、刘铭传、潘鼎新等数支。这些团练头目筑圩练兵，自称圩主，所谓"寇至则相助，寇去则相攻"，有些甚至借团练之名，抢夺民财，焚掠村庄，与土匪无异。李鸿章在安徽与捻军、太平军作战主要靠这些力量，他后来组建淮军也主要以此为班底。

李鸿章到安徽后，先入周天爵幕府。此时，太平军尚未北伐，安徽境内的主要农民武装是捻军。捻军由捻党发展而来，早期主要活动于淮河两岸，后扩展到山东、河南、苏北等地，其成员有农民、盐贩、船夫、渔夫、手工业者、饥民、流氓无产者、裁撤的兵勇和知识分子等等，主要从事抗粮、抗差、吃大户、杀富济贫等活动。太平军进入安徽后，捻军更加活跃，成为清政府镇压的主要对象。

李鸿章跟随周天爵起初也主要以捻军和当地土匪为对手，其战绩是败多胜少。由于军纪太差，当地士绅讥笑他"翰林变作绿林"，还有人说他"专以浪战为能"。有一次，土匪来进攻，李鸿章率团练出战，竟然抵挡不住，败退到自己的圩子里。此时已过晌午，尚未吃饭，饥饿不堪，到家时也不见一人，家人事先早已躲了出去。李鸿章急忙走进厨房，看见锅里的饭已做好，他一只脚跷在灶沿上，一手揭开锅盖，一手拿碗，口中狂咽不止，边咽边喊：大家快吃，吃了好跑。真是够狼狈的。

李鸿章率团勇与太平军作战，更是九死一生。1853 年 11 月，太平军将领胡以晃、曾天养率军攻打舒城，李鸿章凑集几百团勇赶往舒城吕贤基军营助战。当时战事异常激烈，吕贤基手下的团练多是乌合之众，而且军心涣散，难以抵挡，吕贤基已作好了战死的准备。此时的李鸿章是守是逃犹豫不决，他的老家人刘斗斋把他拉到一边，劝他说：现在人人都在逃命，你没必要跟吕大人一块等死，家里的妻儿老小都在盼你回去呢！李鸿章还不好意思开溜，刘斗斋把早准备好的马匹牵来，让李鸿章骑上连夜逃回家。仅仅过了一天，舒城被太平军攻下，吕贤基投水自尽。

1854 年 1 月，安徽省城庐州被攻陷，上任刚一月的安徽巡抚、湘军悍将江忠源战死。1854年初，李鸿章之父李文安也回安徽督办团练，李氏父子一同在安徽与太平军为敌。7月6日，李文安突然死于军中，年仅55岁。有记载说，李文安体胖，爱喝酒，夏天天热，他贪酒暴饮，露宿而卒。李鸿章当时正在巢县随副都统忠泰与太平军苦战，闻父病逝，急忙前来奔丧。可他刚离开军营，就全军覆没了，忠泰仅以身免，以致有人说，李文安一死倒救了儿子李鸿章一命。

1855年8月，近万太平军为救援庐州，分四路猛扑清军柘皋营盘。李鸿章惊惶失措，带勇先溃，江南提督和春率精兵数千前来解围。第二天，李鸿章前来见和春，称誉："声威大震，以军门为最。"和春毫不讲情面，答曰："畏葸溃逃，当以阁下为先。"弄得李鸿章面红耳赤，大江南北传为笑谈。

李鸿章回籍督办团练，历时五年。这五年间，由于安徽的太平军势头正旺，捻军迅猛发展，而主持安徽军务的清朝官员多碌碌无能，李鸿章儒生从戎，对军事一窍不通，又无权、无兵、无饷，难有大的作为。就当时的形势而言，他能活下来亦属不易。与李鸿章同时在皖的其他官员非死即免，下场多不妙：吕贤基投水自尽；江忠源战死；他的座师安徽巡抚福济被免职；巡抚翁同书后被曾国藩弹劾，发配新疆，死在外地；嘲笑他溃逃的和春后也战死；连他的父亲也暴卒于军中。回头再看看李鸿章，不但能全身而退，而且还因功赏加按察使衔，交军机处记名，遇有道员缺出，请旨简放，已由七品的翰林院编修升为四品的道员。更重要的是，这五年的磨炼，使李鸿章由一个只会读书吟诗的白面书生，成长为一个见过大场面、经历过大磨难的儒将，并且进入地方和军事系统，积蓄了大批的人脉资源，为其以后大展宏图奠定了坚实的基础。

第 2 章

有曾国藩然后有李鸿章

1859 年（咸丰九年）1 月，"国难未除家未复"的李鸿章，怀着祖宅被焚的悲愤和壮志难酬的苦闷前往江西建昌，进入曾国藩幕府，从此人生发生重大转折。他在曾国藩幕中虽然只有短短的三年时间（中间还一度离开），但对他一生的事业却有着至关重要的影响。正如梁启超所言：李鸿章一生立身行己、耐劳任怨、坚忍不拔之精神，与其治军驭将、推诚布公、团结士气之方略，无一不自国藩得之，故有曾国藩然后有李鸿章。

一生事业，无不由国藩而玉成

曾、李相识于 1843 年（道光二十三年）。当时李鸿章奉父命入京准备参加顺天乡试，由父亲介绍以"年家子"的身份拜曾国藩为师。原来，李鸿章之父李文安与曾国藩同为戊戌年进士，后曾国藩入翰林院任职，李文安则在刑部任职，两人因是同年考中进士，在当时称"同年"，这是一种很重要的人脉关系，故李鸿章才得以拜曾国藩为师。

1844 年，李鸿章中举人。次年，李鸿章参加恩科会试，曾国藩出任本科会试考官。李虽未中，诗文却博得曾国藩的青睐。此后两人朝夕过从，李向曾求义理经世之学，曾也认为李才可大用。1847 年，李鸿章考中进士，同年中有不少曾门弟子。此后数年，李与曾在京城仍交往频繁。

1853 年，曾国藩以在籍侍郎的身份，受命帮办湖南团练事宜。次年率湘军北上抗击太平军。此后几年，曾国藩在长江流域与太平军死战，处境十分艰难。特别是 1858 年 11 月的三河之战，湘军悍将李续宾和曾国藩之弟曾国华战死，六千精锐被歼，给曾国藩以沉重打击。此时，李鸿章来投奔曾国藩，对李来说是寻找新的出路，对曾来说也正缺帮手。师徒二人惺惺相惜、患难与共，不仅成就了曾国藩的辉煌，也为李鸿章的发迹提供了平台，可谓双赢。

曾国藩为与太平军作战，除组建湘军外，还笼络了大批人才，其幕府集中了当时中国政治、军事、经济、洋务、工程技术等各方面的精英，李鸿章适逢其会，在其中受到全方位的教育和历练。梁启超称曾国藩军营是李鸿章最得力之实验学校，而终身受其用者也。

曾国藩以理学为修身立命之本，生活起居极有规律，每天早起查营，与幕僚一起吃饭，在饭桌上谈学问和做人。李鸿章生性豪放不羁，爱睡懒觉，刚到曾幕，天天早起，极不适应。有一次，他谎称头痛，不想早起会餐。曾国藩多次派人去请，并说必待幕僚到齐方肯吃饭。李鸿章无奈，只得披衣踉跄而来。曾国藩在吃饭时一言不发，饭后却板着脸对李鸿章说：少荃，既入我幕，我有一言相告，此处所崇尚的，只有一个"诚"字。说罢拂袖而去。李鸿章听此言如冷水浇背，为之悚然，从此再也不敢睡懒觉，逐渐养成了每日起居饮食均有常度的习惯。他后来回忆说：在营中，老师总要等我辈大家同时吃饭，饭罢后，即围坐谈论，娓娓不倦，都是于学问经济有益实用的话。吃一顿饭，胜过上一堂课。

这看似一个微不足道的细节，却影响了李鸿章一生的生活习惯。梁启超在《李鸿章传》一书中写道：李鸿章之治事也，案无留牍，门无留宾，盖其规模一仿曾文正云。其起居饮食，皆立一定时刻，甚有西人之风。其重纪律，严自治，中国人罕有能及之者。不论冬夏，五点钟即起，有家藏一宋拓兰亭，每晨必临摹一百字，其临本从不示人。此盖养心自律之一法。曾文正每日在军中，必围棋一局，亦是此意。每日午饭后，必昼寝一点钟，从不失时。其在总理衙门时，每昼寝将起，欠伸一声，即伸一足穿靴，伸一手穿袍，服役人一刻不许迟误云。

李鸿章素有才气，进入曾幕后，初掌书记，后司批稿、奏稿，其文字功夫深得曾国藩的欣赏。数月之后，曾称赞说：少荃天资，于公牍最相近，所拟奏咨函批，皆有大过人处，将来建树非凡，或竟青出于蓝，亦未可知云。

李在曾幕期间，曾国藩的奏咨函批，多由李草拟。其中最有名的一份奏折就是弹劾安徽巡抚翁同书。翁同书于1858年（咸丰八年）7月接任安徽巡抚，后因对练首苗沛霖处置失当，激起大变，他本人又在定远失守之时弃城逃走，有负封疆大吏守土之责。曾国藩对此极为愤慨，意欲弹劾却难以措辞。因为翁同书非寻常人物，乃是前任大学士、咸丰帝师翁心存之子，翁心存在皇帝面前圣眷甚隆，门生弟子布满朝列，究竟该如何措辞，方能使皇帝破除情面，依法严惩，又让朝中大臣无法讲情，实在很费脑筋。曾国藩起初让一幕僚拟稿，看后不满意，自己亲自起草，也说不周全。最后只得让李鸿章一试，李所拟奏稿，颇合曾国藩之意，其中说道：臣职分所在，例应纠参，不敢因翁同书之门第鼎盛，瞻顾迁就。这几句话方刚严正，内含杀气，不但皇帝无法徇情曲庇，朝臣也为之钳口。此折上奏后，翁同书即刻被朝廷拿问，先定为斩监候，后被减免，发配新疆，死于戍所。此折充分显示了李鸿章深谙奏折"老辣"之秘诀，可也因此与翁同书之弟翁同龢结怨，两人以后同朝为官，成为死对头。

曾国藩为人谨慎，做官如履薄冰，谨奉朝廷圣旨，不敢丝毫违背；而李鸿章为人豪放果敢，颇多江湖气，在瞬息万变的政局中往往更能审时度势，随机应变。1860 年（咸丰十年）9 月，英法联军逼近北京，咸丰帝在逃往热河途中命曾国藩速派湘军悍将鲍超带兵北上"勤王"。这可给曾国藩出了个难题：一面是皇帝的谕旨，不能违背，而且"勤王"又是万分火急之事；一面是湘军与太平军激战正酣，若突然抽调主力会影响全局，最后导致劳而无功。于是，曾国藩召集幕僚商议，大多数人主张遵旨北上，唯独李鸿章力排众议，主张"按兵请旨，且无稍动"。他的理由是，英法联军已逼近京城，入京保卫实属空言，英法入京，不过是谈判议和，断无他变，而湘军关系天下安危，举措得失，切宜慎重；对"勤王"上谕可答：鲍超对京城人地生疏，断不能去，请皇上于胡林翼、曾国藩二人中酌派一人进京护卫。曾国藩采纳了李鸿章的意见。11 月曾国藩接到了朝廷和议已成，毋庸北援的命令。由此可见，李鸿章对时局的判断显然高于其他幕僚，曾国藩对他不能不另眼相看。

李鸿章早年就胸怀大志，但时运不佳，不得不寄人篱下，而他绝不会甘心做个幕僚终其一生。因此，他在曾幕虽很受器重，但心中亦有不满之气。苏同炳在《中国近代史上的关键人物》之李鸿章一节中，对此分析道：第一，李鸿章在咸丰七年就已因军功保升至"遇有缺出即行请旨简放"的道员，现在来到曾国藩的营中，仍只是一个默默无闻的幕僚，未免会感觉不得志。第二，当时曾国藩以侍郎督办江西军务，官未甚显而权亦不甚重，李鸿章在此时入曾幕中，自然亦不易得志。第三，李鸿章在本籍办团，屡经战阵，自觉应可独当一面，如今却没有机会带兵打仗立功。

其实，曾国藩对李鸿章绝不仅仅以幕僚相待，而是在不断为他的发展寻找机会。在李鸿章入幕不久，曾国藩就让他到安徽招募马勇，但李鸿章考虑再三，未有把握，不敢应允。1859年（咸丰九年）6月，曾国藩又命李鸿章随曾国荃统领两千余人，自抚州进兵景德镇，参与军事。曾国藩还在奏折中称赞李鸿章"久历戎行，文武兼资，勘以留营襄办"，并勉励他："阁下闳才远志，自是匡济令器，然大易之道，重时与位，二者皆有大力者冥冥主持，毫不得以人力与其间。"劝李鸿章等待时机，自会有大展宏图之一日。

1859年11月，李鸿章被朝廷任命为福建延建邵遗缺道，曾国藩因襄赞需人，未令赴任。1860年6月，清廷令曾国藩署两江总督。8月10日，实授两江总督，督办江南军务，大江南北水陆各军皆归其节制。曾国藩命运的改变，直接影响着李鸿章的前途。8月19日，曾国藩保奏李鸿章为两淮盐运使，兴办淮扬水师，并称赞李鸿章：劲气内敛，才大心细，勘膺封疆之寄。后因祁门军情紧急，李鸿章仍留在曾国藩大营。

正是在祁门大营，李鸿章与曾国藩产生了严重分歧，一度离开了曾国藩幕府。曾国藩在安徽祁门扎营，李鸿章表示反对，认为祁门是军事上的绝地，不宜久留，劝曾国藩及早移军，才能进退自如，而曾不为所动。李鸿章再三劝说，曾非常生气，并对李说：诸君如胆怯，可各散去。还有一件事，曾国藩要弹劾李元度，李鸿章坚决反对。李元度，字次青，早在咸丰三年湘军筹建时，他就进入曾国藩幕府，参赞军务。在湘军屡打败仗的艰苦岁月，李元度始终与曾国藩站在一起。曾国藩在江西接连战败，两次想投水自尽，李元度均极力劝阻，李可以说是曾的恩人。曾国藩保举李元度为徽宁池太广道，驻防徽州。1860 年 10 月，太平军进攻徽州，李元度违反曾国藩坚壁自守的指令，出城作战，导致徽州陷落，祁门处境更加危险。之后，李元度在浙赣边界游荡一段后才回到曾幕，后又不辞而别。曾国藩忍无可忍，决定具疏弹劾，以申军纪。可曾国藩的这一举动，遭到幕府中大多数人的反对，其中李鸿章反对最力，并声称：如非要奏劾，门生不敢拟稿。曾国藩说我自属稿。李鸿章则表示：若是这样，门生亦将告辞，不能留待。曾国藩气愤地说，听君之便。于是李鸿章扬长而去。曾国藩认为李鸿章在自己最困难的时候离开，是拆自己的台，遂发出"此君难与共患难"的感慨。

李鸿章离开曾国藩后，到江西南昌投靠其兄李翰章。他曾向沈葆桢询问可否到福建任道员之缺，沈则劝他不可自枉其才，去无用之地。而曾国藩也在胡林翼、曾国荃的劝说下，于 1861 年 5 月 5 日由祁门拔营，移师东流。6 月，曾国藩写信催李鸿章回营相助，李很快答应。7 月，李又重入曾国藩幕府。

曾、李的这场冲突并未影响两人之间的关系。这是因为：从曾国藩这方面来看，李鸿章的抗争和反对都颇有道理。祁门大营后来险象环生，曾国藩甚至写好遗书，准备第三次自杀，最后也不得不移师东流。李元度本是一介书生，哪会打仗？曾国藩让他驻防皖南重镇徽州，本来就是用非所长，战败丢城，也情有可原，况且李为湘军发展出力甚多。曾国藩后来也觉得弹劾李元度于心不安，他在给曾国荃的信中写道：余平生于朋友中，负人甚少，惟负次青（李元度）实甚。更重要的一点是，李鸿章这些抗争都不是为了一己之私利，前者是为湘军大局，后者则是为朋友两肋插刀，同时李鸿章刚毅倔强的个性也正是信奉"挺经"的曾国藩所欣赏的。从李鸿章这方面来看，当今天下，要想出人头地，干一番事业，非依靠曾国藩莫属。共同的利益让曾、李又走到了一起。

薪尽火传，青出于蓝

　　1861年（咸丰十一年）12月，曾国藩奏保李鸿章为江苏巡抚，得到朝廷允准。1862年4月25日，清廷命李鸿章署江苏巡抚。12月3日，实授李鸿章为江苏巡抚。从此，李鸿章便迈入封疆大吏的行列，成为晚清政治舞台的关键人物之一。

　　李鸿章之所以能从一个幕僚一跃成为巡抚，其中的原因，除曾国藩的极力保举外，还有两点：一是有他本人的资历和才干，二是特殊的机遇。曾国藩当时官至两江总督，统辖江苏、安徽、江西、浙江四省军务，各省巡抚、提督以下各官均归其节制，又奉命保举封疆将帅人才。因此，他保举李鸿章为巡抚是分内之事，凭他当时的地位，他保举的人才朝廷不能不重视。就李鸿章的资历而言，他是翰林出身，在安徽督办团练多年，久历战阵，已具备道员资格，入曾幕后，又被任命为福建延建邵遗缺道，再往上署理巡抚也是顺理成章的事。就机遇而言，也是千载难逢。当时太平军在江浙一带攻势凌厉，各重要城镇相继陷落，上海形同孤岛。上海官绅派人来安庆向曾国藩请兵，并表示每月可筹饷白银六十万两，以十万两用作军饷。面对如此恳切的乞求和优厚的条件，曾国藩不能不为之所动，他与李鸿章商议，准备让其弟曾国荃率兵援沪。但曾国荃当时正全力围攻太平天国首府天京（今南京），若能攻下，便立首功，因此，不愿前往。而曾国藩环顾左右，只有李鸿章最为合适，于是才奏报李鸿章为江苏巡抚，率军前往上海救援。由此可见，李鸿章在当时成为江苏巡抚是由多方因素促成的，但曾国藩的奏保无疑是最重要的原因。

李鸿章前往上海救援最关键的是要有军队，而当时湘军正在南京与太平军苦战，根本不可能抽调去上海，只能重新招募组建。曾国藩也正有意让李鸿章创立一支新军，以补充湘军兵力之不足。在曾国藩的授意下，李鸿章召集原来在安徽的各支团练，主要由张遇春、刘铭传、张树声、潘鼎新、吴长庆等统领，组建淮勇五营，其营伍之法、器械之用、薪量之数，都仿照湘军章程，还用湘军营规加以训练，因此，初期的淮军处处以湘军为榜样，两支军队如出自一家。

淮勇不仅在建制和营规上完全仿照湘军，而且，曾国藩为加强淮勇的力量，陶冶淮勇的风气，还应李鸿章之请，先后调拨八营湘军纳入淮勇系统，归李鸿章节制。这八营湘军包括曾国藩亲兵两营，由韩正国统领，充任李鸿章亲兵。"开字营"两营，借自曾国荃，由程学启统领。程学启，安徽人，原为太平天国陈玉成部下，后被曾国荃设计收买，投奔湘军。程学启转入淮军后，英勇善战，足智多谋，成为淮军中最能打的一名悍将。其他还有滕嗣林、滕嗣武统领的"林字营"两营，陈飞熊统领的"熊字营"一营，马先槐统领的"垣字营"一营。淮军初创时期的基干队伍，共十三营，计六千五百人，其中由湘军调拨过来的就有八营。因此可见，曾国藩对淮军的创建是全力支持的。

淮军虽然创立了，但当时上海的局势十分危险和复杂，曾国藩对李鸿章统领的淮军能不能在上海立住脚，还心存疑虑。因此，在淮军赴上海之前，他叮嘱李鸿章，要摆正"练兵学战"与"吏治洋务"的关系，谆谆告诫要以"练兵学战为性命根本，吏治洋务皆置后图"，也就是说先取得军事上的胜利，然后才谈得上整顿吏治，向洋人学习，否则将一事无成，甚至性命难保。他还劝告李鸿章，到上海后，初战一定要谨慎，羽毛不丰，不可高飞；训练不精，不可征战。纵使洋人讥讽，士绅恳求，皇上斥责，都不要轻易出战。待二三个月以后，各营队伍整齐，营官跃跃欲试，这时可出兵痛快打几仗。李鸿章到上海后，谨遵老师教诲，一再拒绝各方要求立即投入作战的要求，专心对部队进行整训，对敌情加以详细了解，周密研究作战计划，终于首战告捷，先后取得虹桥、北新泾、四江口三次大捷，令中外人士对淮军刮目相看，在上海牢牢站稳了脚根。可见，曾国藩的战略部署对李鸿章立足上海起了非常重要的作用。

此后数年，曾国藩所统领的湘军在南京附近与太平军死拼，李鸿章统领的淮军在苏沪一带与太平军血战，两支军队互相配合，使太平军东西战场难以兼顾，最后失败。李鸿章在苏沪的军事胜利和吏治能力，以及与洋人交往的经验，使他逐渐具备了与曾国藩平起平坐的资本，成为仅次于曾国藩的又一位晚清中兴名臣，随时可能取曾国藩而代之。

1865 年（同治四年）5 月，曾国藩被任命为钦差大臣，督师剿灭捻军，李鸿章接替曾国藩署理两江总督。1866 年 12 月，朝廷因曾国藩"剿捻"无功，命其回两江总督本任，授李鸿章为钦差大臣，专办"剿捻"事宜。李鸿章吸取了曾国藩"剿捻"失败的教训，在经历一番挫折后，坚持"倒守运河"的战略，终于在 1868 年将捻军剿灭。曾国藩对"剿捻"失败耿耿于怀，每与人谈话，自称是打捻无功之人。有人劝他奏言某事，他也说自己是打捻无功之人，能向朝廷说话吗？而李鸿章则青出于蓝，在"剿捻"方面的功绩超过了他的老师。

1868 年 8 月，朝廷因李鸿章"剿捻"有功，赏加太子太保衔，并授湖广总督协办大学士。9 月，曾国藩调任直隶总督，达到了自己权力的顶峰。1870 年 6 月 21 日，天津市民因民教冲突，将法国驻天津总领事丰大业和其他二十几个外国人殴毙，酿成了震惊中外的天津教案。曾国藩作为直隶总督，不得不从保定前往天津处理，他坚持不与洋人开衅的原则，将天津知府、知县流放，判处二十名中国人死刑，另有多人流放充军。曾的判决结果引起朝野上下一片大哗，大家纷纷指责他偏袒洋人，误国害民，连他自己也承认"内疚神明，外渐清议"，一世的功名毁于一旦。清廷为推卸责任，归罪于曾国藩，于 1870 年 8 月 29 日调曾国藩为两江总督，李鸿章为直隶总督。李鸿章上任后，基本上是按照曾国藩的处理方案，只是将死刑减少四名。因为在此之前，曾国藩已集众矢于一身，李鸿章反倒像置身事外，乘机捞一个直隶总督，并且在这个位子上坐了二十五年。

1872 年（同治十一年）3 月 12 日，因天津教案而声名重创的曾国藩死于两江总督任上，年仅 62 岁。有好事者写一副对联讥讽道：杀贼功高，百战余生真福将；和戎罪大，三年早死是完人。李鸿章对老师之死极为悲痛，他在给友人的信中写道：噩耗乍来，忧悸欲绝。他为此亲书一挽联：师事近三十年，薪尽火传，筑室忝为门生长；威名震九万里，内安外攘，旷世难逢天下才。此联既表达自己对老师的敬仰之情，又高度概括了老师一生的赫赫功绩，堪称名联。

李鸿章自 1843 年在京城拜曾国藩为师，到 1872 年曾国藩去世，两人相识、交往长达三十年，其中在京城和幕府期间，李鸿章还得以亲炙曾国藩的教诲。曾国藩对李鸿章的人格和事业有着至关重要的影响，而李鸿章也终生对老师钦佩不已。他到晚年还对人说：老师文正公，那真是大人先生，现在这些大人先生，简直都是秕糠，我一扫而空之。在李鸿章眼里，除了曾国藩，他谁都看不上，其对曾国藩的崇拜和自身的才气都显露无遗。

曾、李之间的关系是任何一本李鸿章传记都要浓彩重抹的部分，比较而言，梁启超在《李鸿章传》一书中的概括最为精辟。他在"兵家之李鸿章"一节的结语中说：李鸿章兵事之生涯，实与曾国藩相始终，不徒荐主之感而已。其平吴也，又由国藩统筹大局，肃清上流，曾军合围金陵，牵掣敌势，故能使李秀成疲于奔命，有隙可乘。其平捻也，一承国藩所定方略，而所以千里馈粮士有宿饱者，又由有良江督在其后，无狼顾之忧也。不宁惟是，鸿章随曾军数年，砥砺道义，练习兵机，盖其一生立身行己、耐劳任怨、坚忍不拔之精神，与其治军驭将、推诚布公、团结士气之方略，无一不自国藩得之。故有曾国藩然后有李鸿章。在"结论"一节中，梁启超又将曾、李加以比较：李鸿章之于曾国藩，犹管仲之鲍叔，韩信之萧何也。

不宁惟是，其一生之学行见识事业，无一不由国藩提携之而玉成之。故鸿章实曾文正肘下之一人物也。

台湾学者雷禄庆在《李鸿章年谱》自序中也对曾、李进行了比较。他认为鸿章之品学既受国藩之陶冶，而其事业亦出国藩之培植，鸿章乃继国藩而为举足轻重之人物。具体说来，"剿捻"之役，国藩师出无功，鸿章受命，始得渐次消灭东西捻，而其收功，固仍本国藩长围圈制、筑墙守河之策也。天津教案，国藩坚守不挑外衅，全好设防之方针，鸿章继之，师其意，卒得圆满解决。故鸿章颇为服膺国藩。至于李鸿章超越曾国藩之处，他认为，鸿章初至上海，即能体会西洋物质文明之长处，虚心学其练兵制器，乃使淮军成为当时最新式之军队，与"常胜军"并肩作战，迭奏奇功。其后洋务事业之创办，多由鸿章计划倡导，中国之工矿、交通各业，乃得渐次迎合世界潮流。国藩守知止知足之戒，常存急流勇退之心，而鸿章则勇于负责，纵有危机变故，从不畏避，毅然当之，是亦为其一长也。

第3章

以练兵学战为性命根本

军贵能战，非徒饰观美

李鸿章一生的事业与淮军息息相关。他是淮军的创办者，也是淮军的最高统帅。他早年统领淮军保卫上海，转战苏南，牵制太平军东线兵力，为配合曾氏兄弟攻陷南京，扑灭太平天国，立下了汗马功劳。之后，他又带领这支部队，转战黄河、运河之间，取得了"剿捻"的胜利，完成了曾国藩难以完成的任务。他能在直隶总督这个位子上坐二十五年之久，也是因为清廷需要淮军来拱卫京师。可还是这支淮军，他们在甲午中日战争中非溃即逃的拙劣表现，又给李鸿章带来了无尽的指责和骂声，使他成为这场战争失败的罪魁祸首。综合李鸿章与淮军的关系，可以说李鸿章一生的功名，成也淮军，毁也淮军。

如前所述，淮军是为了救援上海而仿照湘军建立起来的。建军之初，只有十三营，六千五百人，其中有八营还是由湘军抽调过来的，真正从安徽招募过来的只有区区五营。到上海以后，李鸿章大力扩军，到平吴战役末期，全军已近一百二十营，约有六万之众。由于扩充过猛，使得淮军的成分非常复杂。台湾学者王尔敏在《淮军志》中分析淮军的营伍成分，至少有十类：第一，召集李鸿章的皖北旧部，即他早期所统带的团练。第二，收编安徽原有团练，如刘铭传的"铭字营"、潘鼎新的"鼎字营"、张树声的"树字营"、周盛波的"盛字营"、吴长庆的"庆字营"，这些构成了淮军的重要核心。第三，借兵异军，如韩正国的"亲兵营"、程学启的"开字营"，均借自湘军。第四，借将带兵，如借曾国荃部下的郭松林统带"松字营"。第五，取别军代募之勇。第六，改编原地防军，将上海当地的四万防军逐渐淘汰，按湘军规制，重新编组。第七，收编降众。第八，委托洋将练军带军。第九，收编"常胜军"的余留。第十，招募新勇。

淮军将领以安徽人为最多，王尔敏分析了432名淮军将领的籍贯，其中安徽籍者有279人，占64%，将领的地方特色非常明显。就出身而言，有科举功名的很少，进士两名，举人两名，诸生十五名，而农工分子平民占绝大多数。由此可见，淮军虽是仿照湘军而建，但淮军的组成与湘军有很大的不同。湘军的将领大多有科举功名，至少也是读书人，士兵则是湖南乡间的农民，正所谓"士人领山农"，而淮军中，以团练、太平军降众及防军的成分为最大。

由于将领和士兵的组成不同，湘、淮两军的风气和精神也有很大的不同。就淮军而言，除了形成一个军系和带有私军色彩以外，还有以下特点：第一，朴厚的本质，多土气，谨厚不佻。第二，同化与融合的精神。第三，趋新的精神，特别在采用新式武器方面表现最为明显。第四，不重出身。第五，各不相下，将领彼此之间平等相视，各统其军，以求发展，其上唯对李鸿章一人负责。第六，不责细行，不重门户。第七，奋勇杀敌，只为利禄，故抱负浅而嗜欲深，这也是淮军后来暮气日深、对外不堪一战的重要原因。第八，军纪差，以骚扰民间为能事。第九，奋发勇往，形成蓬勃奋发的朝气，并含有浓厚的骄纵色彩。

淮军是李鸿章为形势所迫，在匆忙之中组建起来的，一开始其战斗力颇令人怀疑。刚到上海时，因衣着朴陋，土里土气，竟被士绅和洋人嘲笑为"大裤脚之蛮子兵""叫花子兵"。李鸿章对此回应道：军贵能战，非徒饰观美，迫吾一试，笑未晚也。果然几战下来，淮军英勇善战的表现，令中外人士刮目相看，连洋枪队也不得不佩服。李鸿章在很短的时间里把这么一支乌合之众训练成英勇善战之师，的确显示了他不凡的军事才能。别的不说，单就用人而言，李鸿章就有高明之处。

李鸿章统率淮军，不重出身而看表现，用其长而略其短，最成功的当属对程学启的培养和使用。程学启本是太平军降将，最初由曾国荃幕僚孙云锦劝说力保，他才率亲信投入湘军曾贞干营。而曾国荃则对他颇为猜疑，害怕其变，故意把他安排在安庆城壕外，以抵挡太平军的正面进攻，后来还想杀他，只是由于孙云锦力保，程才幸免于难，程也为此极为伤心。淮军初建时，曾国荃愿意将程学启调拨给淮军，对他来说是甩掉了一个包袱。程学启到了上海之后，开始显露头角。李鸿章对他极为信任，对他的军事才能也极为欣赏。李鸿章在给曾国藩的信中写道："程将勇略皆裕，战守可靠，青浦非伊不能守，亦不肯守，然援击之师亦非程不可，其才实可统四五千人，安庆分遣此将，实感师门与沅丈（曾国荃）厚赐，鸿章惟时时劝诚，勿骄勿夸，勉成名将也。"曾国荃要是看到这封信，不后悔才怪呢。程学启后来在江苏战场上，显示出卓越的军事才能，成为平吴第一名将。1864年（同治三年）3月25日，程学启率部攻克浙江嘉兴，头部受伤，4月15日去世。李鸿章闻此噩耗，惊呼"左臂顿折，从此不敢轻议征伐矣"。他在向朝廷上的《程学启请恤折》中，称赞程学启多谋善战，用兵如神，其攻克安庆后，两年之间，又连复江浙名城十数处，并克复苏州省城，似为东南第一战功。程学启在曾国荃手下时刻面临被杀的危险，可到了淮军之中，军事才能得以尽显，李鸿章在用人驭将方面确有独到之处。

再如郭松林，原属湘军，跟曾国荃数年，并无显赫战功。安庆克复后，才升为游击。后随曾国荃进围天京，攻克雨花台后，因受责而逃，到上海加入淮军。李鸿章则委以重任，命他自领一军。郭松林性情放诞不羁，贪财好色，暴戾恣睢，但以勇悍出名，因李鸿章教导护持，奋立功名，终成名将。杨鼎勋，初属湖南防军，后入鲍超的"霆字军"，素不得志。待李鸿章援沪，向鲍超借将，鲍超为敷衍交谊，将杨鼎勋拨给。杨入淮军后，屡立大功，李鸿章也称赞其富于谋略，明白晓事，其性格虽不免有些高亢精明太过，但李能用其长，使其终成名将。

李鸿章不仅善于驭将，将在其他军中不得志的碌碌之辈培养成一代名将，而且善于学洋人之长，主动采用新式武器和西法训练，使淮军如虎添翼，战斗力大增。李鸿章到上海后，与洋兵及"常胜军"联合作战，亲眼看到洋兵队伍既整，炸炮又准，洋兵数千枪炮并发，所向披靡，其落地开花炸弹更是神奇。同时，苏南的太平军也很早就使用洋枪，每次进攻，必有数千杆洋枪冲击，猛不可当。在如此残酷的较量中，李鸿章认识到淮军唯有多用西洋火器才能取胜。他在给曾国藩的信中，明确说明了中国与西方在军事上的差距："鸿章尝往英、法提督兵船，见其大炮之精纯，子药之细巧，器械之鲜明，队伍之雄整，实非中国所能及。其陆军虽非所长，而每攻城劫营，各项军火皆中土所无，即浮桥、云梯、炮台，别具精工妙用，亦未曾见。"

为了镇压眼前的太平军，也为了以后抵御外国侵略，李鸿章在淮军中大力推广和使用新式武器。至1862年11月，李已选择一些能战之将，将其小枪队悉改为洋枪队，逐日操演。淮军主力程学启三营中即有洋枪队一营，每哨添劈山炮二队，临阵时一营可抵两营之用。其战术也在相应变化，每次交战，先以劈山炮掩护洋枪队进攻，屡次获胜。此后，又购置西洋火炮装备淮军。到1863年上半年，刘铭传、程学启、张遇春营首先配备12磅、32磅洋炮数门，聘洋人指导训练。为了获得更多更好的洋枪、洋炮，李鸿章一面派人在上海、香港等地大批采购，一面决定自己设厂仿造，陆续在上海开设了"炸弹三局"，这是中国最早的兵工企业之一。

弃镇守沪，另简贤员

1862年（同治元年）4月6日，李鸿章率淮军"亲兵营"及"开字营"两千人，由安庆出发，乘坐上海士绅租借的外国轮船，避开太平军的长江防线，前往上海，其他部队也陆续抵沪。李鸿章率部单独与太平军的较量由此开始。

按原来曾国藩的设想，李鸿章率领淮军援沪只是作为配合上游军事行动的一支偏师，这支部队应先赴镇江，待稳定后再以一部援救上海，这样既可以直接呼应曾国荃对天京的进攻，又能控制上海的饷源。但上海官绅却雇船将淮军直接运到上海，曾国藩不得不放弃原来的打算，不过他仍指示李鸿章待上海局势稍定，即刻回师镇江。与此同时，受曾国藩的影响，清廷也一再告诫李鸿章注重经营。

可李鸿章有自己的想法，他一开始就对驻扎镇江持否定意见，但不便公开表示。到上海后，他一方面表示沪事如稍可脱卸，便往镇江为久守自强之计；另一方面却提出种种理由留在上海，不去镇江。随着淮军在上海与太平军交战中接连取胜，"用沪平吴"的战略逐渐形成，清廷和曾国藩也认可了李鸿章立足上海，从东线夹击太平军的方案。

李鸿章留在上海，对他以后事业的发展极为关键。如果他到上海后匆匆又回到镇江，淮军兵分两处，势单力薄，东西兼顾，很难在军事上发挥多大作用，甚至有可能被太平军各个击破。他若回到镇江，与镇江守将冯子才、都兴阿等同处一城，关系很难处理；更不利的是，他作为江苏巡抚和弟子还要直接听命于两江总督兼恩师曾国藩，配合曾氏兄弟进攻南京的战略计划。现在立足上海，不但有充足的军饷，而且可以挣脱曾国藩的束缚，独当一面，成就自己的一番事业。还有，李鸿章在上海期间，亲身体验了洋枪、洋炮的厉害，在采用西洋武器的同时，萌发了自己仿造的洋务思想，使他后来成为洋务运动的第一人。他在与洋枪队和外国驻沪官员的交往中，也积累了一些外交经验，这又使他以后成为晚清外交第一人。李鸿章当时守沪弃镇有点"将在外君令有所不受"的意味，这对苏南战局的改变和他个人的政治前途都有着重要的影响。

李鸿章作为署江苏巡抚率淮军到上海，兼顾军事和行政两大任务，既要能抵挡住太平军对上海的进攻，又要行使巡抚的职能，整治吏治，改善民生。虽然李鸿章之前同上海、江苏并无关系，更缺乏独当一面的经验，但他上任之初就从人事入手，抓住了人权和财权，在很短的时间里就站稳了脚跟，打开了局面，显示出了一位政治家的干练和果敢。

在李鸿章来江苏之前，江苏的吏治极其腐败，官员贪诈朋比，相沿成习。由于南京、苏州均在太平军之手，因此江苏官员麇集上海，而且多为原巡抚王有龄的亲信，特别是署江苏布政使、苏松太道（即关道）兼江海关监督吴煦和苏松粮储道、综理洋务的杨坊更是江苏吏治腐败的代表人物。吴煦本是钱谷滑幕出身，算计最精，弥缝最巧，关税、厘金全由他管理；杨坊原为买办，以通事奸商起家至数百万，并将自己的女儿嫁给"常胜军"统领华尔为妻，为时人所不齿。吴、杨及其手下，掌控着上海的钱、粮、财、物、人事及与洋人的关系。

李鸿章到任后，为扳倒旧党，培植亲信，首先拿吴、杨二人开刀。李首先裁撤了吴煦的一些党羽，然后实行关税、厘金分开的政策，吴煦仍管关税，厘金另派人管理，削弱了吴的权力。不久吴煦请求辞去苏松太道之职，李鸿章正求之不得，当即予以批准。他在给曾国藩的信中写道：关道与洋人交涉，吴挟以自固，莫如因其所请，另简贤员识大体者署授。杨坊为了避祸，请求辞去苏松粮储道，李鸿章也立即同意。后来，李又利用洋枪队统领白齐文殴打杨坊、抢去饷银四万两之事，上奏以办理不善的罪名，将吴、杨二人革职，彻底清除了两人在江苏的势力。

为培植亲信，李鸿章与曾国藩商量，让郭嵩焘重新出山。

郭嵩焘，湖南湘阴人，进士出身，与曾国藩是莫逆之交，曾劝曾国藩出来组建团练，在曾国藩军营中帮办过军务。后经人举荐，任翰林院编修，入值南书房，可以经常见到皇上。因被人弹劾，告病回乡。李鸿章深知郭嵩焘之才，可自己难以请动，不得不让老师出面说服。郭嵩焘后来就任苏松粮储道，使湘军、淮军粮财状况大为好转。另外，李鸿章还奏请黄芳署海关道、刘郇膏署布政使，进一步巩固了自己在江苏的势力。

跃马独出，不作生还之想

李鸿章率淮军到沪的直接目的就是保卫上海，他时刻牢记曾国藩"以练兵学战为性命根本"的教诲，以军事为主，力争打几场胜仗，扭转不利的局面。由于李鸿章部署得当，调度有方，善于将将，再加上新建的淮军朝气蓬勃，武器精良，粮饷充足，以及洋枪队的配合，淮军在上海附近接连获胜，不但抵挡住了太平军的进攻，而且转守为攻，成为荡平苏南的主力，为清廷最后扑灭太平天国立下了大功。

淮军进入上海取得的第一场胜仗是虹桥之战。1862年5月，太平军听王陈炳文、纳王郜永宽攻克青浦，占泗泾，逼近上海。李鸿章遂派程学启、滕嗣武、韩正国率淮军进驻虹桥，双方形成对峙。6月17日，陈炳文、郜永宽率太平军五六万人直扑李鸿章的新桥军营，并用洋枪大炮轰击程学启等营。李鸿章亲率郭松林、张遇春、滕嗣林等，分三路进援，于徐家汇之九里桥一带，以排炮轰击，太平军退败，程学启等率军冲出，内外夹击，太平军夺路狂奔，被杀三千余名，败回泗泾。19日，李鸿章率军乘胜进攻泗泾，太平军见淮军三路来攻，不战自退，逃往昆山、青浦，松江之围解除。此战关系到淮军的生死存亡，激战正酣时，李鸿章身先士卒，跃马独出，不作生还之想。由于此战全属淮军之功，洋兵并未参战，李鸿章既增强了信心，也颇为得意。他写信给曾国藩说：此极痛快之事，为上海数年军务一吐气也。有此胜仗，我军可以自立，洋人可以慑威，吾师可稍放心，鸿章亦敢于学战。

此后，淮军又取得了一系列胜利。是年8月10日，淮军与洋枪队配合，攻克青浦县城，生擒太平军四百余名，击杀三四千人。10月，谭绍光、陈炳文、黄子隆及邓光明等率太平军数万人由昆山、太仓分路进攻嘉定、南翔等地，重点是扼守四江口的淮军前敌四营。11月13日，李鸿章率部前来增援，由郭松林、刘铭传、程学启分别统领左、中、右三路向太平军发起全线进攻，擒杀太平军一万四千余人，夺获洋枪数千支，解了四江口之围。此役是淮军东征以来第一次大捷，李鸿章向曾国藩报喜说：师门闻此捷音，当为色喜。曾国藩复信也大加称赞：伟哉！君侯足为吾党生色。鄙人从军十载，未尝临阵手歼一贼，读来书，为之大愧，已而大快。

1863年（同治二年）5月31日，淮军攻克昆山、新阳县城。昆、新为苏州东面门户，太平军以全力固守。李鸿章以水陆万余人，先取正义镇断太平军归路，斩杀太平军二三万人，积尸数尺，河水为之不流。李鸿章获此大捷，又未凭借戈登大炮攻城，很是得意，而且也坚定了他在河湖洼地作战的信心。曾国藩闻此大捷，惊呼：近古所未有也！

在肃清上海附近的太平军以后，李鸿章开始实施"用沪平吴"战略，把进攻的重点放在了苏州。苏州当时是太平天国苏福省省会，忠王李秀成的大本营，是仅次于天京的太平天国第二大战略基地。苏州若失，太平天国在江苏的势力将全线瓦解。正因为如此，苏州成为淮军与太平军争夺的焦点。1863年6月，李鸿章统筹全局，制定了三路进攻苏州的计划：北路以李鹤章、刘铭传部由常熟进攻江阴、无锡；中路以程学启部由昆山直攻苏州；南路以李朝斌部太湖水师由泖湖、淀山湖进攻吴江、平望、太湖。另外，还以黄翼升的淮扬水师策应中路和北路，戈登的"常胜军"作为战略预备队进驻昆山，专备策应各路。为防备杭、嘉、湖地区太平军进攻松江、上海，又派潘鼎新、刘秉璋、杨鼎勋等部扼守金山卫、洙泾、张堰等地。

　　淮军的进攻遭到太平军的顽强抵抗。9月，李鹤章、刘铭传部淮军攻陷江阴，程学启部淮军伙同戈登的"常胜军"进逼苏州。太平军在慕王谭绍光的指挥下，决心坚守阵地，誓与苏州共存亡。由于屡攻不下，李鸿章、程学启开始实施诱降计划，策动太平军内部叛乱。程学启授意淮军副将郑国魁前去策反。郑原是土匪头目，曾归附过太平军，后又投靠了淮军。经过他的一番活动，在太平军内部形成了一个以纳王郜永宽、宁王周文佳、康王汪安钧、比王伍贵文等八人为首的叛乱集团。

　　12月4日，郜永宽等人刺杀了谭绍光，献城投降。李鸿章为了防止"降众复叛"和消除"尾大不掉之虞"，以封赏为名，将郜永宽等八人骗来赴宴。酒宴刚开始，就有一淮军军官从外而入，递给李鸿章一份公文，李鸿章乘机离开筵席。喝酒期间，有八位武弁每人拿一顶红顶花翎，请八降将升冠。八降将不知是计，在他们起立自解额上黄巾之际，八武弁手起刀落，将八降将的人头砍下。之后，程学启立即派兵闯进苏州城，对城内二十万太平军大肆杀戮，苏州一带口音者被"放归"，而南京以上口音者则"不分良莠尽杀"，直杀得尸首遍地，血流成河。连李鸿章也不得不承认："吴门虽复，波街难民，遍地骸骨，须一年后方有生发。"

关于苏州杀降的主谋，有资料记载说是程学启。当时，苏州城内尚有太平军二十万，八降将歃血为盟，共生共死，请求程学启转告李鸿章，要总兵、副将官职，所部分为二十营，仍屯守苏州阊、胥、盘、齐四门。程学启密告李鸿章，认为八降将恐难节制，必诛之以定众。李鸿章犹豫不决。程又说，我极知杀降不祥，然不杀此八人，苏州终不可得，虽得之也不能安，吾宁负贼，不负朝廷。李鸿章不得已而许之。还有记载说，程学启从来不许别人在他面前再提杀降的事。有一次，李鸿章酒后和他开玩笑说，你也是投降过来的人，怎么对你的同类这样残忍。程学启听罢勃然大怒，回到军营中召集一帮亲兵，要同李鸿章拼命。李鸿章只好在其他淮军将领的护送下，亲自登门道歉，才算平息事态。后来，程学启在嘉兴之战中受伤而死，又有记载说，他临死之前，两手在空中乱抓，好像在和什么人搏斗，有人说这是八降将的冤魂来向他索命。

其实，苏州杀降的主谋无疑是李鸿章。因为八王虽降，但苏州城内有二十万太平军，若不斩其首领，任其上下保持节制和联络，不但防不胜防，而且会影响以后的军事行动，故李鸿章决定杀降以消除后患。李鸿章与太平军血战多年，其父死于征伐太平军的战场，其祖宅被太平军焚毁，他又奉命以江苏巡抚的身份剿灭太平军，无论于"私"还是于"公"，他诛杀八降将都不会手软。

对于苏州杀降，清廷认为所办并无不合，曾国藩也佩服李鸿章"殊为眼明手辣"，李鸿章在给他母亲的信中承认此事虽太不仁，然攸关大局，不得不为。但苏州杀降却惹怒了戈登，因为郜永宽等肯降，戈登向他们作了担保。当他得知杀降的消息后，怒不可遏，认为是李鸿章出卖了自己，于是便提着左轮手枪要杀李鸿章，并且还威胁说，要率领"常胜军"夺回苏州，再交给太平军。李鸿章吓得不敢见戈登，躲在城外一艘汽轮上办公。后经多方调停，戈登勉强离开苏州，退到昆山。从此，戈登与李鸿章关系彻底破裂，对清廷赏给他的一万两白银也拒绝接受，李鸿章则乘机裁撤"常胜军"。

攻克苏州后，清廷赏李鸿章太子少保衔，赏穿黄马褂，授程学启云骑尉世职，赏穿黄马褂。李、程等人用太平军的鲜血染红自己的顶子，但如此背信弃义、残忍滥杀的行径也为中外人士所不齿。梁启超在《李鸿章传》一书中就指责李鸿章有惭德，"夫杀降已为君子所不取，况降而先有约，且有保人耶？故此举有三罪焉：杀降背公理一也；负约食言二也；欺戈登负友人三也。戈登之切齿痛恨，至欲割刃其腹以泄大忿，不亦宜乎？"李鸿章一生好用小智小术，为达目的不择手段，于苏州杀降一事可以概见。

驾驭洋将，擒纵在手

从1862年4月6日率淮军援沪，到1864年5月11日攻克常州，李鸿章仅用两年多一点的时间就荡平苏南，实现了"用沪平吴"的战略目标，不能不说是个奇迹。李鸿章转战苏南，不仅表现出了卓越的军事才能，而且，还善于处理中外各方面的关系，特别是对"常胜军"的使用和控制方面显示出了以我为主、用人之长的外交手腕。

"常胜军"是在当时复杂的中外形势下，由上海各方势力共同孕育出来的一个军事怪胎。1860 年第二次鸦片战争结束，清政府与英、法等国签订了《北京条约》，中外势力开始联合起来共同镇压太平天国。上海的地方官绅为保卫上海，对"借师助剿"最为积极，在沪筹办防务的苏松太道吴煦雇美国人华尔组织了"洋枪队"，苏松粮储道杨坊也大力支持，还把自己的女儿嫁给华尔为妻。"洋枪队"由中西勇丁混合而成。1862年初，江苏巡抚薛焕把"洋枪队"定名为"常胜军"，派吴煦督带，杨坊会同华尔管带。"常胜军"由于武器先进，操练得法，很有战斗力，在保卫上海的战斗中屡有胜绩。

　　李鸿章率淮军初到上海，很被洋人和洋兵看不起，在虹桥、泗泾之战中，"常胜军"并未参战，全作壁上观。李鸿章通过虹桥之战树立了信心，也为使用和控制洋枪队积累了资本。在青浦之战中，淮军与"常胜军"联合作战，华尔安放大炮轰城，争先效命，出力甚多。李鸿章认为华尔及"常胜军"势力能倾服上海洋人，打仗又极奋勇，洋人利器，全都拥有，并且应允雇请外国铁匠制造炸弹，代购洋枪，于军事及通商大局皆有益处，因此对华尔极力笼络。为此，曾国藩告诫李鸿章：用兵之道，最重自立，不贵求人；驭将之道，最贵推诚，不贵权术。以自立为体，以推诚为用，华尔当可渐为我用。

　　李鸿章在利用"常胜军"的同时，也对他们加以防范。他在与"常胜军"的接触中，逐渐认清了它的本质，"常胜军"虽然很有战斗力，但专恣跋扈，狂傲不驯，清朝官员根本不能过问，更无法节制，这对他本人的权势和清朝统治都造成了威胁。因此，他一直在寻找机会控制或者解散"常胜军"。

　　1862 年 9 月 21 日，华尔在率"常胜军"进攻浙江慈溪时，受伤而死。由于吴煦力荐，"常胜军"由白齐文统领。白齐文比华尔更加蛮横，与吴煦、杨坊等逐渐有了矛盾。1863 年 1月，白齐文从松江带队回上海，索要军饷，在遭到拒绝后，竟将杨坊痛打一顿，并抢走饷银四万余两。李鸿章以"不遵调遣，劫饷殴官"之罪将白齐文革职，并上奏朝廷，将吴煦、杨坊革职。

但白齐文革职后，"常胜军"又被英国人控制。李鸿章与英国驻华陆军司令士迪佛立经过艰难的谈判，签订了一份《统带"常胜军"协议》，规定"常胜军"管带均应归中国抚台节制调遣，中、英两国都派正规军官会同管带；"常胜军"出百里以外作战须预先与英、法两国商量；兵额大力裁减，只留三千人。根据协议，英国派军官戈登出任管带，中国派李恒嵩会同管带，实际上由戈登独揽大权。

因苏州杀降事件，李鸿章与戈登关系彻底闹僵。鉴于太平军大势已去，不再需要"常胜军"来助战，李鸿章在得到朝廷的支持后，于 1864 年 5 月 30 日将"常胜军"遣散完毕，其中一部分精锐部队和大部分武器装备被编入淮军，进一步增强了淮军的实力。

"常胜军"是"中外合作"背景下出现的一支特殊军队，由于它在武器、训练和指挥方面的优势，在当时还是很有战斗力的。李秀成后来在自述中提到："苏、杭之误事，洋鬼作怪，领李抚台之赏，攻我各路城池。攻克苏州等县，非算李鸿章本事，实得洋鬼之能。"如何处理与"常胜军"的关系是李鸿章在上海所面临的一大难题，既要它为我所用，又要能从容驾驭，确非易事。李鸿章始终坚持以我为主的方针，通过几次胜仗，确立了淮军的威信，有了利用和驾驭"常胜军"的资本，终于在大局已定的情况下，利用"常胜军"内部的矛盾将其顺利遣散。李鸿章对"常胜军"的驾驭和处理，赢得了曾国藩的赞赏，他在给李鸿章的信中说："驾驭洋将，擒纵在手，有鞭挞龙蛇视若婴儿之风，尤以为佩。"

李鸿章从"常胜军"事件受益颇多。其一，"常胜军"在保卫上海、荡平苏南的各战役中出力甚多，李鸿章的军事胜利有"常胜军"的一份功劳。其二，"常胜军"的先进武器和战法，使李鸿章得以亲身领教西洋武器和技术的威力，从购买使用到仿造自制的过程中，萌发了洋务思想。其三，通过处理"常胜军"，李鸿章与外国驻华公使、领事及其他人员不断交涉，对外国情形有所了解，也积累了一定的外交经验，为他以后走上外交舞台奠定了基础。

第 4 章

艰难百折，了此一段奇功

蹙之于山深水复之处

太平天国失败后，捻军成为反清主力，清廷必欲灭之而后快。1865 年（同治四年）5 月 18 日，钦差大臣蒙古亲王僧格林沁在山东曹州高楼寨被捻军击毙，引起清廷震动，被迫放弃依靠旗军、绿营军"剿捻"的计划，不得不使用湘军和淮军。5 月 23 日，清廷命曾国藩赴山东督师"剿捻"，李鸿章署理两江总督。曾国藩从此走上了"剿捻"的战场。

曾国藩在攻陷南京以后，为了避祸自保，大量裁减湘军，此时手中只有三千亲兵，要"剿捻"不得不借助淮军。李鸿章对"剿捻"全力支持，遂将刘铭传、周盛波、张树声部及先期乘轮船赴天津布防的潘鼎新部交曾国藩指挥，此后刘秉璋部也加入"剿捻"行列。曾国藩还要求李鸿章的两位老弟李鹤章、李昭庆随他一同"剿捻"，因为他已认识到"捻匪非淮勇不能灭，淮勇非君家不能督率"。

曾国藩汲取了僧格林沁败亡的教训，根据捻军流动作战的特点，提出了"以静制动"的战略方针，企图采取围堵和追剿相结合的办法来歼灭捻军。在具体部署上，以安徽之临淮、河南之周家口、江苏之徐州、山东之济宁为老营，各据重兵，多储粮械，一处有急，三处往援，有首尾相应之象，无疲于奔命之虞。再以刘铭传、潘鼎新、张树声与周盛波、刘松山与易开俊各当一面，以李昭庆训练马队，合以僧格林沁旧部，同为游击之师，构成"四镇六游"的围堵和追击格局。在此基础上，又实行河防之策，东在运河、西在豫东的沙河和贾鲁河设立河防，力图圈制捻军。在地方上，则查办民圩，加强坚壁清野和治安防范，切断捻军与当地民众的联系。曾国藩这一"剿捻"战略以淮军之长，克捻军之短，充分利用了军事、地形及地方优势，若能坚持下去，足以制捻军于死地。

可历史没有再给曾国藩这样的机会。1866 年 9 月 24 日，赖文光、张宗禹、任化邦率捻军在开封城南十余里处突破卫河河防东去，进入山东境内，曾国藩的河防战略遭受重大挫折。10 月 1 日，曾国藩奏请令李鸿章带两江总督关防出驻徐州，与山东巡抚阎敬铭会办东路"剿捻"军务，湖北巡抚曾国荃移驻南阳，与河南巡抚李鹤年会办西路"剿捻"军务。11 月 19 日，曾国藩又奏请病难速愈，请开协办大学士、两江总督缺，另简钦差大臣接办军务，自己愿以散员留营效力。12 月 7 日，清廷命曾国藩回两江总督本任，授李鸿章为钦差大臣，专办"剿捻"事宜。这样，李鸿章继曾国藩之后，也走上了"剿捻"的战场。

此时，捻军的战略也发生了变化。1866 年 10 月 20 日，捻军在河南杞县、陈留附近决定分为东西两支：由赖文光、任化邦率领的一支，继续在山东和中原一带坚持斗争，称为东捻军；由张宗禹率领的一支，前往甘、陕，与回民起义相联络，以为掎角之势，称为西捻军。

李鸿章挂帅"剿捻"后，审查战场形势，在坚持曾国藩战略部署的同时，又有所调整，他提出："贾鲁河、沙河地段太长，人力难齐，终办不成。为今之计，自应用谋设间，徐图制贼。或蹙之于山深水复之处，弃地以诱其入，然后各省之军，合力三、四面围困之。"这个战略方针后来证明是正确的，它成为李鸿章取得"剿捻"胜利的关键。

但捻军毕竟久经战阵，行动迅速，凶悍异常，因此，李鸿章的"剿捻"一开始也并不顺利，伤亡惨重。当时东捻军在突破曾国藩的贾鲁河、沙河防线后，迅速进入湖北，企图长驱西上，或入四川，据巴蜀之利；或上紫荆关，与张宗禹会合，进攻陕西。李鸿章令刘铭传、张树珊、周盛波、刘秉璋各部追击入鄂，与湘军曾国荃、鲍超部对捻军包抄截击，企图予以围歼。1867年1月11日，东捻军在湖北安陆府臼口镇附近的罗家集击败曾国荃所属郭松林部。郭松林受重伤被俘，只不过他换上了士兵的衣服，没有被认出，后又买通看守，趁夜逃了出来。1月26日，东捻军在德安府杨家河倒树湾歼灭淮军"树字营"主力，淮军名将张树珊阵亡。张树珊自1854年随李鸿章在皖北带兵，血性忠笃，治军精强，临敌勇敢，常能以少击众，李鸿章常告诫他勇不可恃，敌不可轻。可这次他还是因为立功心切，孤军追击，中捻军埋伏毙命，"倒树湾"真放倒了张树珊这棵大树。

2月19日，东捻军又在安陆府京山县尹隆河与淮军刘铭传之铭军、湘军鲍超之霆军展开激战。鲍、刘分属湘军和淮军，两人意气用事，各不向下。鲍超认为自己与李鸿章平辈，劳苦功高，看不起晚辈刘铭传；刘铭传则称鲍超为一介武夫，有勇无谋。两人不合，直接影响共同作战。

当时，鲍超的霆军共有三十二营一万六千人，刘铭传的铭军共有二十营一万人。两人原计划于 19 日辰时（相当于早晨 7 点）共同发起攻击，但刘铭传贪功心切，提前于卯时（早晨 5 点）单独发起进攻，被东捻军重重包围，唐殿魁等将领阵亡，刘铭传的中军本部也溃不成军，他脱掉顶戴和官服，与几个幕僚一起坐在地上等死。值此紧急关头，鲍超按时从东捻军背后发起攻击，以阵亡总兵、副将七人的代价大获全胜，击毙、俘获捻军两万余人，刘铭传也得以突围。此战本是鲍超有功，刘铭传有过，而战后李鸿章竟上奏说刘铭传接仗过猛，鲍超误期，致有此失。清廷不分是非，将鲍、刘两人严加斥责。鲍超受此委屈，无法申诉，一气之下，旧伤复发，遂引疾辞职，解散霆军，一代名将由此凋谢。其实，李鸿章对鲍、刘二人的功过很清楚，他在给母亲的信中说，鲍、刘二人"期以庚午日辰时，进军夹击。而铭传冀独得首功，先一刻进攻，竟大败，所部唐殿魁等死之。及霆军践期来，乃大破捻匪，杀敌万余，生擒八千有奇，救铭军于重围之中"。

1867 年 6 月，东捻军跳出湘、淮军的包围圈，经河南进入山东，在东平戴庙附近突破运河防线，直趋胶东半岛。清廷对此极为震怒，山东巡抚丁宝桢、湖北巡抚曾国荃、河南巡抚李鹤年皆被严加议处，作为主帅的李鸿章更被斥之为办理毫无起色，殊负朝廷委任，令其戴罪立功，迅速赶往山东会剿。他的河防战略也受到朝野舆论的攻击。

东捻军进入三面临海一面背河的胶东半岛，再难发挥其骑兵急速流动作战的优势，却给淮军提供了利用运河防堵的机会。李鸿章及时采纳了刘铭传、潘鼎新提出的"倒守运河"（又称"反守运河"）战略，将原在运河东岸构筑防线、防止东捻军入鲁的部署改为在运河西岸设防、阻止东捻军突入鲁西及中原，把东捻军困死在胶东半岛或运河以东。

7月初，东捻军由莱阳入招远、黄县境，李鸿章随即部署胶莱河防线，由刘铭传、沈宏富、董凤高、潘鼎新四支淮军六十四营和鲁军三十一营，分段防守，每营防地三里长，另外还设有机动的后援部队，全部兵力近五万人。运河防线则由淮军周盛波、刘秉璋、杨鼎勋、李昭庆等部和豫军张曜、皖军黄秉钧、程文炳部负责。为了保障胶、运防线，李鸿章还奏准三口通商大臣崇厚、直隶总督刘长佑率军防守黄河，漕运总督张之万率军防守苏北的六塘河。这样，东西南北就各以河为险形成了一个包围圈。

可李鸿章的如意算盘却遭到山东巡抚丁宝桢的暗中抵制和消极应付。李鸿章作为"剿捻"统帅，从全局出发，为剿灭捻军不惜牺牲山东全省，把山东变成"剿捻"战场，而丁宝桢作为山东巡抚自然不忍心让山东涂炭，而是希望把捻军赶出山东。8月19日，东捻军在胶莱防线北端海神庙突破鲁军王心安部防线，渡过潍河，使李鸿章苦心经营的胶莱防线崩溃。

东捻军虽突破胶莱防线，但却无力突破运河防线，处境越来越困难。此时，李鸿章一面主动与丁宝桢讲好，一面仍坚持既定方针，他亲自驻守台儿庄，部署运河防务，并设立四支精锐之师，配备战马八千匹，追击捻军。这样，东捻军就被困在黄河、运河、六塘河、大海之间，再难以脱身。11月19日，刘铭传等率部在苏北赣榆大败东捻军，任化邦为部下所杀。12

月，郭松林、刘铭传等先后在胶州、寿光大败东捻军。1868年1月5日，赖文光在扬州被擒遇害，东捻军最终失败。

从军十六年，此为下下签

1868年1月，西捻军为救援东捻军，从陕西经山西、河南进入直隶，2月抵达保定一带。清廷极为震惊，急忙调兵遣将，调集钦差大臣李鸿章、陕甘总督左宗棠、西安将军都兴阿、直隶总督官文、山东巡抚丁宝桢、安徽巡抚英翰、河南巡抚李鹤年所部和京营、天津洋枪队共十余万人，并派恭亲王奕䜣节制诸军。同时，对防守不力的官员严加处分，直隶总督官文、陕甘总督左宗棠交部议处，河南巡抚李鹤年革去头品顶戴。钦差大臣李鸿章受的处分最重，不仅拔去双眼花翎，褫去黄马褂，连刚刚因"剿捻"有功被授予的骑都尉世职也被革去。李鸿章心中愤愤不平，对左宗棠尤为不满，他在给李鹤年的信中抱怨说：左公放贼出山，殃及鄙人，若使办贼者获罪，何以激励将士？

抱怨归抱怨，剿灭西捻军的重任还是落在了李鸿章头上。在清廷一次又一次严厉的催促和斥责下，李鸿章急忙召集人马准备再战。可此时，淮军内部出现了大问题。原来在东捻军剿灭以后，淮军将领斗志全无，纷纷请退。李鸿章领命后，淮军将领皆来济宁，聚讼不休，无人应命。特别是淮军第一名将刘铭传，酒后经常发牢骚说，朝廷有功不赏，有过先罚，不堪其苦，坚决求退。他与郭松林、潘鼎新请求休假三月，刘秉璋、李昭庆请求解甲归田。李鸿章对此感到极为焦虑和绝望，他在给曾国藩的信中大诉其苦："往替师门承办东捻，谓事竣当可告饶。变故环生，竟无止境，终久溃败决裂而后已，奈何!奈何!"

在朝廷谕旨的严逼和主帅的劝慰下，潘鼎新首先表示愿意带兵北上，其他将领也相继应命，只有刘铭传坚持请假三个月，回家养病。李鸿章算是度过了这场危机。2月13日，他自济宁启程，督师北上，再一次走上"剿捻"的战场。

因为有了剿灭东捻军的成功经验，李鸿章这次还是主张"钞袭旧稿，急图圈贼"。他一方面向朝廷上奏，坚决贯彻坚壁清野之策，劝谕直隶、山西、河北绅民，赶紧筑圩寨，一有警信，收粮草牲畜老弱壮丁于其内，既自固其身家，兼以制敌死命。如果十里一寨，敌至无所掠食，兵至转可买食，敌虽流而其技渐穷，或可克期扑灭。后来证明这一招相当毒辣有效，是导致捻军失败的重要原因。另一方面，他在不断寻找合适的圈制地点。由于西捻军吸取了东捻军覆亡的教训，警惕性特别高，一闻围扎，立即死力冲突，飙疾如风，一瞬即失。在多次圈制失败后，李鸿章认识到单靠人为的设圈已不能轻易诱捻军就范。

但西捻军在多路清军的不断追剿下，犯了一个致命的错误。4月12日，西捻军由延津向东北进军，在滑县击败杨鼎勋、唐仁廉部淮军，但在淮军的截击下，未能从内黄一带渡过卫河，被迫由东昌城南东渡运河，从而重蹈了东捻军的覆辙。李鸿章抓住这一难得的机会，决定在运河以东对西捻军进行圈制。

李鸿章在黄、运之间圈制捻军的方案也面临不少困难。当时西捻军在黄河以北、运河以东活动，要实行圈制，必须扼守黄河和运河北至津沽、南至东昌与张秋段。运河自天津至张秋黄河口长一千二百里，其中张秋至临清二百四十里，年年被黄水倒灌，淤成平陆，尤费兵力，约需十万余人方可分布，而当时直隶、山东、河南各军仅有十万人，若全部用来防守，就会有守无战，导致溃决。另一位"剿捻"大帅左宗棠正是因为这些困难，反对这一方案。但李鸿章仍坚持在运河以东圈制捻军是最佳选择。

正在李鸿章一筹莫展之际，老天爷帮了大忙。5月上旬，漳河、卫河上游，山洪暴发，运河水位陡涨至一丈五六尺，这使得清军的运河防线有水可恃。淮军郭松林、潘鼎新部还掘开沧州以南的捷地坝将运河水灌入减河，从而在天津以南增加了一条自捷地坝至海滨牧猪港全长百余里的水上防线。有了这条水上防线，李鸿章只需要重点考虑从沧州以南至张秋的运河防线。5月中旬，黄河也开始涨水，此前李鸿章派水师提督徐道奎等在张秋挑浚淤河也已完成，于是开坝引黄水灌入运河，李还调楚军丁长春水师由张秋、临清驶入德州运河，运河圈制之策最终完成。在此形势下，左宗棠也改变了以前的看法，同意实行圈制之策。5月21日，李、左在德州桑园会晤，甚相投契，李鸿章的圈制之策终于得到各路清军上下的一致认可。

为了尽快剿灭捻军，李鸿章又对包围圈进一步缩小。当时，西捻军虽难以冲破运河防线，但在运河以东纵横七八百里仍有很大的回旋余地，淮军拼命追击，也无法置其于死地。李鸿章因此又提出，应趁黄河伏汛盛涨时，缩地圈扎，以运河为外圈，而就恩县、夏津、高唐之马颊河，截长补短，画为里圈，层层部署，占地较狭，围困较易，收功或可较速。此时，天又连降大雨，黄水又暴涨，自运河以至马颊河无不盈堤拍岸，横溢四出，清军各河防线遂为金城巨防。西捻军被困在运东黄河与马颊河之间的狭长地带，活动范围越来越小，再加上李鸿章制定的坚壁清野政策得到了贯彻执行，各地地主士绅纷纷结寨自保，西捻军的供应也更加艰难。李鸿章趁机抽调精锐之师对西捻军穷追不舍，经海丰、吴桥、杨丁庄、沙河、商河诸战役，西捻军精锐丧失殆尽。8月16日，刘铭传、郭松林、潘鼎新、袁保恒率部在山东茌平将西捻军包围，张宗禹率八骑逃至徒骇河，下落不明（一说投水而死），西捻军全军覆灭。

李鸿章是在曾国藩失败之后走上"剿捻"战场的，他仅用一年多的时间就将活跃多年的捻军彻底消灭，这不能不说是一个奇迹。但从李鸿章这一年多的经历来看，他所遭受的煎熬和磨难要比在苏南对付太平军大得多。这其中的原因有以下几个方面：

第一，捻军的规模虽然比太平军小得多，但它的根基更为深厚，它的特点和活动区域与太平军大为不同。捻军以流动作战为主，行动迅速，战斗力极强，无论追剿或堵截都很困难。淮军为追剿捻军，往往日夜驰驱不息，将士每次回营皆饥惫劳苦，面无人色。更为严重的是，捻军在直、鲁一带活动，稍有不慎，即京畿震动，朝廷震怒。曾国藩稍遇挫折即被解职，李鸿章也是背着朝廷的处分、顶着舆论的压力来"剿捻"的。他在这一时期给曾国藩的信中一再表示"焦灼曷任""甚感惴慄"，哀叹"从军十六年，此为下下签"。

第二，李鸿章"剿捻"主要依靠自己一手创建的淮军，这自然比曾国藩指挥起来更得心应手，可此时的淮军已是疲惫之师，建军初期的那股朝气和奋发精神逐渐消退，将领征战多年，身心疲惫，屡屡不见升迁，牢骚满腹，若再受斥责甚至会自请卸甲，撂挑子不干，济宁危机就差一点导致淮军瓦解，刘铭传更是在"剿捻"的紧要关头请假三个月养病。淮军的如此状况令李鸿章颇感痛心和无奈。

第三，这次"剿捻"是多支军队联合作战，如何指挥和协调其他军队也令李鸿章颇为头痛。尹隆河一战，他为了维护淮军的利益，竟昧着良心诿过于湘军统领鲍超；在胶莱河防线失败后又与山东巡抚丁宝桢相互告黑状；在剿灭西捻军的过程中更是与左宗棠相互倾轧，左宗棠自视甚高，素以诸葛亮自诩，李鸿章则骂他是曹阿瞒。处在这样的人际关系中，岂不难受？

李鸿章之所以最终能克服了这些困难，在很短的时间内剿灭了捻军，除了兵力上的优势、充足的粮饷，以及老天爷的帮忙外，最主要的原因是他采取了正确的战略战术，并且根据战场上的形势或坚持己见或及时调整。他并不因为曾国藩"剿捻"失败而放弃曾国藩制定的战略，而是在继续坚持的基础上进行调整，他的"倒守运河"与"缩地围扎"战略分别导致了东西捻军的失败。李鸿章在"剿捻"战场上显露了他卓越的战略眼光和军事才能，梁启超对此有很高的评价："鸿章之用兵也，谋定后动，料敌如神，故在军中十五年，未尝有所挫衄，虽曰幸运，亦岂不以人事耶？其剿发也，以区区三城之立足地，仅一岁而荡平全吴。其剿捻也，以十余年剽悍之劲敌，群帅所束手无策者，亦一岁而歼之，盖若有天授焉。其待属将也，皆以道义相交，亲爱如骨肉，故咸乐为用命，真将将之才哉。"梁氏的评价虽有溢美之词，但李鸿章的"内战"成绩确实是胜多败少，与后来的"外战"败绩更是形成鲜明对比。

李鸿章"剿捻"的胜利迎来了他事业的高峰。他不仅以前所受的处分全部开复，而且还被赏加太子太保衔、协办大学士，留湖广总督任。更重要的是，李鸿章通过"剿捻"的胜利，将自己及淮军的势力从沪苏扩大到了直鲁京畿，为两年后担任直隶总督铺平了道路。在取得"剿捻"胜利后，他本人已完全有资格与老师曾国藩平起平坐，曾国藩一再以打捻无功之人自谦，而李正是完成了老师未竟的事业；在曾国藩被天津教案弄得焦头烂额之际，李鸿章又顺利接替了直隶总督的位子，成为晚清政治舞台上的枢纽人物之一。至于他所创建的淮军更是通过"剿捻"在势力上全面超过了湘军。另外，通过"剿捻"，李鸿章积累了诸多处理与朝廷和同僚之间关系的经验，对官场的险恶和倾轧又多了一层了解，这对一个"拼命做官"的人来说是非常重要的人生财富。还有，李鸿章在"剿捻"中，面对朝廷的斥责和舆论的攻击、同僚的拆台和部属的退缩，都能"死不肯舍"，咬牙坚持，确实在意志和德力方面经受住了考验，这一点尤令曾国藩欣赏。曾国藩平日最称李鸿章有才，然犹以李未遇到逆境考验表示怀疑，等看到李剿办西捻军，多次受到朝廷斥责而能坦然顺受，果毅不挠，于是又叹其进德之猛。他在给李鸿章的信中说："自去秋以来，波澜迭起，疑谤不摇，宠辱不惊，卒能艰难百折，了此一段奇功，固自可喜，德力尤为可敬！"曾国藩找到了自己真正的接班人，他的"挺经"被李鸿章继承和发扬光大了。

第5章

中国欲自强，莫如学外国利器

李鸿章以科举起家，以军功发迹，靠镇压农民起义跻身封疆大吏的行列。但农民起义的硝烟尚未散尽，东西方列强的炮火又逼近国门。在内忧外患的困境中，清政府不得不放下天朝上国的架子，实行以求强求富为目的的洋务运动。在这场长达三十年的自强运动中，李鸿章是最早的倡导者和积极实践者，其见识之深远、态度之积极、成就之巨大，都罕有可比者。

喜谈洋务，乃圣之时

19世纪60年代，清王朝在经历农民起义的蹂躏和西方列强的践踏之后，痛定思痛，不得不调整内外政策，力图振作，而李鸿章正是促使清廷内外政策转变的关键人物之一。他对时局的认识，对洋务的极力倡导和坚持，成为清政府启动和开展洋务运动的重要支撑力量。

1861年（咸丰十一年），清政府设立总理各国事务衙门，成为处理外交事务的中枢机构，标志着洋务运动的开始。由于李鸿章在主持上海战事期间，已设立"炸弹三局"，开始仿制外国枪炮，因此，总理衙门便向李鸿章询问，仿制各种火器成效如何？中国人学制此项火器，何项易于入门？1864 年春，李鸿章在《致总理衙门函》中，对总理衙门的询问给予了详细的答复，对炸炮、炸弹和蒸汽机作了详细介绍，并由此更深入地阐述了对洋务和西学的认识。

李鸿章认为天下之事，穷则变，变则通，中国之所以落后于西方，正是因为因循守旧，不知变通。中国士大夫沉浸于章句小楷之积习，武夫悍卒又多粗蠢而不加细心，以致所用非所学，所学非所用。无事则嗤外国之利器为奇技淫巧，以为不必学；有事则惊外国之利器为变怪神奇，以为不能学。不知道洋人视火器为身心性命之学者，已数百年，一旦豁然贯通，就能达到指挥如意、随心所欲的效果。在李鸿章看来，中国文武制度，事事远出西人之上，独火器万不能及，究其原因是，中国之制器，儒者明其理，匠人习其事，造诣两不相谋，故功效不能相并。即便精通技艺，充其量也不过为匠目而已。洋人则不然，能造一器为国家利用者，可以为显官，世代以此为业，世代任其职。所以有祖父不能精通者，子孙继续研习，必求其精通而后已。

李鸿章还以日本为例指出，英、法等国以前以武力威胁日本，肆意诛求，日本君臣发愤为雄，选派宗室及大臣子弟前往西国制造厂学习各种技艺，又购买制造机器的机器在本国制造，现在已经能驾驶轮船，制造和施放炸炮，与西人抗衡。日本离西国远，而距中国近，若中国不能自立，它就会效法西人，一道来掠夺中国。

在此函的最后，李鸿章提出了中国自强之路，那就是：中国欲自强，则莫如学习外国利器；欲学习外国利器，则莫如觅制器之器，师其法而不必尽用其人。欲觅制器之器与制器之人，则应专设一科取士，士人终身以此为取得富贵功名的目标，则学业可成，技艺可精，人才可集。

李鸿章此函是他洋务思想的集中体现，他提出的购买制器之器与培养制器之人也成为洋务运动的中心内容。

李鸿章等人倡导的洋务运动，从一开始就遭到顽固派的攻击和诋毁，洋务派的每一项洋务事业都是排除干扰、据理力争，甚至是利用手中的权力先斩后奏的结果。1872年（同治十一年），内阁学士宋晋向朝廷上奏，认为制造轮船靡费太重，请暂行停止。因事关重大，清廷命李鸿章、左宗棠、沈葆桢等通盘筹划，就应是否裁撤及如何节省费用发表意见。

1872年6月20日，李鸿章为此上了一道《筹议制造轮船未可裁撤折》。在此折中，他分析了当时中国面临的形势，坚持认为制造轮船不可停止，并在筹措经费时阐明了求强与求富之间的关系，反映了他洋务思想的发展。他指出，欧洲诸国百十年来由印度而南洋，由南洋而东北，闯入中国边界、腹地，甚至前史所未载、亘古所未通的国家，也无不款关而求互市。我皇上一概与之立约通商，加以笼络。合地球东西南北九万里之遥，都聚集于中国，此乃三千余年一大变局。西人依仗其枪炮轮船之精利，故能横行于中国。中国常用的弓矛小枪土炮，不能抵挡西人的来复枪炮；中国的帆篷舟楫艇船炮划，也不敌西人的轮机兵船，所以受制于人。时至今日，仍叫喊攘夷、驱逐，固然是虚妄之论，即便想保和局守疆土，也没有武器可用。西人天天凭借长技与我争雄竞胜，一较长短，相角相凌，我岂能一日无长技以抗衡！据此，李鸿章认为，自强之道，就在于师其所能，夺其所恃，制造轮船决不应停止。

为解决经费困难，李鸿章提出不仅要建造兵船，更应建造商船，开挖煤矿和铁矿。他认为，船炮机器之用，非铁不成，非煤不济。英国之所以能称雄于西方，就借此二端。中国南部如湖南、江西、镇江、台湾等处率多产煤，只是因为无抽水机器，仅能挖取上层次等之煤，至于下层佳煤为水浸灌，无从汲净，不能施工。若能购买机器开采，价格必较洋煤便宜，通商各口皆可就近广为运售，洋煤不阻自绝，船厂也应用不穷。西洋炼铁炼钢，无一不用机器。中国开办之始，置买器具，用本虽多而炼工极省，炼法极精，炼出来的钢铁就可以供造船械军器之用。李鸿章最后总结说，开办煤铁矿，若采炼得法，销路必畅，利源自开，征收其余利，可以用来养船练兵，于富国强兵之计大有关系。

1874 年日本入侵台湾，引发了清政府内部关于海防的大讨论。李鸿章遵旨于 12 月 10 日向朝廷呈递《筹议海防折》。李在此折中，从练兵、简器、造船、筹饷、用人、持久等六个方面全面阐述了自己的洋务思想。

李鸿章在奏折一开始再次重申，当前的变局为数千年所未有。他指出，历代备边多在西北，其强弱之势、客主之形皆相当，而且中外界限明确。如今则东南海疆万余里，各国通商传教，来往自如，麇集京师及各省腹地，表面上装出和好之名，暗地里怀有吞噬之计，一国发生事端，诸国相互勾结煽动，实为数千年来未有之变局。更为可怕的是，当今轮船电报速度之快，瞬息千里；军器机事之精，超过人力百倍；炮弹所到，无坚不摧，水陆关隘，不足限制，中国遭遇到了数千年未有之强敌。外患交乘，变幻如此，而我还想用以往的旧法来制之，这正如医生不问何症，概投之以古方，注定不会见到成效。

在详细阐述自己在练兵、简器、造船、筹饷、用人等方面的意见之后，李鸿章最后对"持久"一项发出肺腑之言。他指出，中国在五大洲之中，自古号称最强大，如今乃为小邦所轻视。中国在练兵、制器、购船等方面，学人之长，去己之短，现在开始，为时已晚。若再因循不办，或者办办停停，其后患不堪设想。若不变成法，培养洋务人才，将来即便有防海万全之策，数十年后无人主持，也必定是名存实亡，渐渐归于颓废。唯有上下一心，坚持必办，力排浮议，不泥成格，但开风气，勿急近功，勿惜重费，精心果力，历久不懈，百折不回，才能军实渐强，人才渐进，制造渐精，由能守而能战，转贫弱而为富强。

李鸿章的洋务思想，以自强求富为目的，从仿制外国枪炮、轮船开始，延伸至开矿、修路、建厂，由军事工业发展到民用工业。这些主张在今天看来，是最简单不过的道理，可在当时却遭到多方的攻击，甚至被戴上"用夷变夏"的大帽子。但李鸿章通过自己对国际局势的观察，坚信中国非向西方学习、大办洋务不足以自存。1865 年（同治四年），他在致朋友朱久香的信中写道：外国猖獗至此，不亟亟焉求富强，中国将何以自立耶？淮军大将刘秉璋是李鸿章的老部下，也是淮系督抚大员中除李鸿章之外唯一的进士。此人对科举制度很有感情，对李鸿章大谈洋务颇不以为然。当李鸿章在《筹议海防折》中抨击"小楷试帖，太蹈虚文"，并提出另开洋务进取一格时，他极力反对。1876 年，李鸿章给他的复信中，再次表明自己喜闻洋务、不怕冒险负谤的态度：处今日喜谈洋务，乃圣之时，人人怕谈厌谈，事至非张皇即鲁莽，鲜不误国。鄙人若亦不谈，天下赖何术以支持耶？中国日弱，外人日骄，此岂一人一事之咎。过此以往，能自强者尽可自立，若不自强则事不可知。李鸿章所主持的洋务事业尽管有诸多败笔，但他从自强求富的目的出发，不避俗论和谤言，大谈洋务，敢为天下先的精神和举动是值得充分肯定的。

必先富而后能强

李鸿章不仅是洋务运动的倡导者，更是实践者。他主持的洋务事业涉及军事工业、民用工业、文化教育等诸多方面，是洋务运动的集大成者。

李鸿章创建和控制的军工企业主要有江南制造总局、金陵机器局、天津机器局。江南制造总局，又称上海机器局或沪局，是在原"炸弹三局"的基础上发展而来的。"炸弹三局"机器仅值万余金，不全之器甚多。1865年，李鸿章让丁日昌寻求数月，购得上海虹口美商旗昌铁厂，并与丁日昌、韩殿甲主持的两个炮局合并，于当年9月成立了江南制造总局。后来容闳从国外购买的机器，也并入该局。1867年，该局迁至上海城南高昌庙，建有机器厂、汽炉厂、木工厂、铸铜铁厂、熟铁厂、轮船厂等，后来又陆续设立枪厂、枪子厂、炮厂、炮弹厂、炼钢厂，以及翻译馆，逐渐成为一个以生产枪炮弹药为主、以修造船舰为辅的综合性新式军用企业，也是当时中国最大的军工企业。

1865年，李鸿章署两江总督后，将马格里主持的苏州洋炮局迁至南京，在雨花台设厂，改称金陵制造局，简称宁局。此后，逐渐扩大规模，改良设备，到19世纪60年代末，已能制造多种口径的大炮、炮车、炮弹、枪子和各种军用品。

1866 年 10 月，清廷允准在天津设立机器局，专门制造外洋各种军火机器，由崇厚主持筹建，江南制造总局予以协助。1868 年至 1869 年，丁日昌将从上海洋商手中购得的机器设备及沪局制造的机器，运到天津。1870 年（同治九年），李鸿章就任直隶总督兼北洋大臣，常驻天津，就将天津机器局置于自己掌控之下。

李鸿章创建和控制的沪局、宁局、津局等军事企业，名为机器局，实际上却是专门制造军械的兵工厂。它们都是官办企业，采用机器大生产，实行雇佣劳动，是一种新式近代企业。这些企业生产的武器弹药全部装备清军，不进入市场流通，不计成本和利润。尽管这些企业仍采用封建衙门式的管理方式，效益低下，但它们毕竟是中国近代最早的近代化企业，对中国工业化和国防事业作出了贡献。

李鸿章在创办军事工业的同时，也认识到民用工业的重要性。早在 1865 年他在《置办外国铁厂机器折》中就说：洋机器于耕织、刷印、陶埴诸器，皆能制造，有裨民生日用，原不专为军火而设。妙在借水火之力，以省人物之劳费。而且发展军事工业也需要民用工业的支持，船炮机器之用非铁不成，非煤不济。更为重要的是，李鸿章在洋务实践中，逐渐认识到富与强的关系。他说：古今国势，必先富而后能强，尤必富在民生，而国本乃可益固。他对中西财力的差异也有清醒的认识：惟中国积弱由于患贫，西洋方千里、数百里之国，岁入财赋动以数万万计，无非取资于煤、铁、五金之矿，铁路、电报、信局、丁口等税。酌度时势，若不早图变计，择其要者逐渐仿行，以贫交富，以弱敌强，未有不终受其敝者。

李鸿章创办和控制的民用企业主要有轮船招商局、开平矿务局、上海机器织布局、漠河金矿、电报总局等。轮船招商局是李鸿章创办的第一个官督商办的民用企业，其目的在于平时可运官粮客货，战时装载援兵军火，与洋商争利，解商民之困。其具体做法是官督商办，由官总其大纲，察其利病，而听该商董等自立条议，说服商人出资组建。轮船招商局于1872年10月在上海开始筹备，1873年1月正式成立。一开始，李鸿章任命浙江海运委员、候补知府朱其昂为总办，因朱官僚气太重，招募不到商股，半年之后，又任命唐廷枢为总办，徐润、朱其昂、盛宣怀为会办。此后，轮船招商局进入快速发展阶段。1877年又收购了美商旗昌公司的全部产业，包括十六艘轮船和长江各埠及上海、天津、宁波各处码头，从而超过英商怡和、太古两家轮船公司。不到十年，轮船招商局的货轮即由初期的四艘发展到三十余艘，总装载量近两万四千吨。李鸿章对轮船招商局的成功也颇为得意，他向朝廷上报说，创设招商局十余年来，中国商民得减价之益，而水脚少入洋商之手者，奚止数千成，此收回利权之大端。他后来还把招商局视为自己开办洋务四十年来最得手之事。

1876年，李鸿章派唐廷枢前往开平勘查煤铁矿产资源，第二年批准唐廷枢提出的开采煤铁的计划，并委派唐负责筹建工作。1878年，开平矿务局正式成立，也采用官督商办的经营方式。该局起初煤铁并采，兼炼钢铁，后因经费和技术问题，停止炼铁，专营煤矿。资本从白银八十万两增至一百五十万两。1894年日产煤达到两千吨。开平煤矿是洋务派创办的采矿业中最有成绩的一个。

上海机器织布局是李鸿章创办的中国第一个棉纺织企业，

其创建和经营颇为曲折。早在1876年李鸿章就接受了天津海关道黎兆棠的建议，派魏纶先出头承办机器织布局事宜。可魏纶在上海集资无着，筹建工作遂告停止。1878年，前四川候补道彭汝琮向北洋大臣李鸿章和南洋大臣沈葆桢分别递上条陈，请求允许他在上海设立机器织布局，得到李鸿章的认可。此后，李鸿章任命彭汝琮为总办、太古洋行买办、候补郎中郑观应为会办，开始筹备。几经波折和人事变动，上海机器织布局终于在1890年开工生产。1892年生产了四百万码棉布、一百万磅棉纱，雇用工人约四千人。但1893年10月的一场大火，将织布局的厂房和机器大部分烧毁。李鸿章派天津海关道盛宣怀前往上海，会同江海关道聂缉椝，一面规复旧局，一面设法扩充。1894年，盛宣怀募集商股一百万两，在旧址设立华盛纺织总厂。

漠河金矿也是李鸿章奉旨创办的官督商办企业。1886年，清政府出于"重在防边，兼筹利国"的目的，决定开采漠河金矿，命令李鸿章与黑龙江将军恭镗选派熟悉矿务人员，前往矿区勘查。1887年，李鸿章奏准道员李金镛为漠河金矿总办，负责筹建。1889年初，漠河金矿正式开采。1894年，产金两万八千余两，1895年，产金高达五万两。漠河金矿的创办确实达到了"兴利实边"的目的。

李鸿章对中国的电讯事业也有首倡之功。早在1865年3月，他就致函总理衙门，提出架电线花钱不多，但传递信息非常迅速，现在洋人正想法在中国架设电线，中国如不能禁阻，不如自己架设。但未得到支持，不了了之。1879年，李鸿章为了加强海防起见，在大沽、北塘海口炮台试设电报以达天津，效果良好。1880年（光绪六年），中俄两国因伊犁交涉出现紧张形势，沿海各地纷纷告急，李鸿章深感电报实为防务必需之物，于是上奏请架设天津至上海的电线，以加强南北洋之间的联系。其经费先于军饷内酌筹垫办，待办成后仿照轮船招商局章程，选择公正商董招股集资，分年缴还本银，以后即由官督商办，听其自取信资，以充经费，并设立电报学堂，雇用洋人教习中国学生自行经理，这样方能权自我操，持久不敝。1880年10月，李鸿章在天津设立电报总局，派盛宣怀为总办，负责筹设津沪电报线路，同时设立电报学堂，雇用洋人来华教习电学及收发电报。中国近代的电讯事业由此起步。

从19世纪60年代至90年代，李鸿章利用手中的权力和实际影响，在大江南北创办了一大批民用企业，涉及航运、矿产、纺织、电讯、铁路等多个工业门类，尽管这些企业在经营和管理方面有诸多的问题，其效益也不是很好，但这些企业都采用机器大生产和雇佣劳动，已具备了资本主义企业的性质，有些企业也确实起到了与洋商争利的效果，因此，这些企业不仅奠定了中国近代工业的基础，而且在中国经济发展史上无疑具有进步性和民族性。李鸿章为这些企业的倡办不避风险，不辞劳苦，其筚路蓝缕之功也是应该肯定的。

为了克服国内外对企业创办的阻力，李鸿章还根据当时中国的现状，创造出一套官督商办的经营模式。企业由官方出面组织和监督，招商入股，其经营原则是：由官总其大纲，察其利病，而听该商董等自立条议，悦服众商，所有盈亏，全归商认，与官无涉。官督商办在当时不失为一条发展民用工业的可行之路，对中国近代民用企业的创办和发展起到了积极的推动作用，因为若不采用这种方式，很多民用企业根本办不起来或无法维持。但官督商办也成为官府控制和勒索企业的借口，由官方任命的总办、会办操纵着企业的经营和管理，窒息了企业的活力，打击了商人投资的积极性，其带来的消极影响也越来越严重。

欲求富强制敌之策，舍此莫由

在李鸿章主持的诸多洋务事业中，阻力最大、争议最多的当属铁路建设。这项在今天看来是百利之基础设施建设，在当时却经历几多曲折和磨难。

中国最早的一段铁路是1874年（同治十三年）英商怡和洋行以马路为名修筑的从上海到吴淞的淞沪铁路。1876年通车后，每天往返六次，乘客满员，获利丰厚，但受到顽固派的极端仇视。8月，因轧死一名士兵，当地士绅便乘机鼓动沿路群众阻止列车行驶。10月，由两江总督沈葆桢以白银二十八万五千两买回这条铁路，并于次年拆毁。福建巡抚兼台湾学政丁日昌在征得沈葆桢同意后，将机车和铁轨全部运往台湾，准备在台北和台南之间修建一条铁路，但由于经费不足以及丁日昌去世而中止。后来刘铭传任台湾巡抚后，准备修筑基隆至台南的铁路，又想起了扔在台南安平海滩的这段铁轨，只是经过十年的海水侵蚀，已不堪使用了。这就是中国第一条铁路的遭遇，由此可见当时中国修筑铁路的环境。

1880年，刘铭传在李鸿章的授意下，向朝廷上《筹造铁路以图自强折》，正式提出修建铁路的主张。清廷命北洋大臣李鸿章和南洋大臣刘坤一发表意见。于是李鸿章让幕僚薛福成代拟《妥议铁路事宜折》，大谈修建铁路的紧迫性和必要性。他认为，四五十年间，各国所以日臻富强而莫与敌者，以其有轮船以通海道，复有铁路以便陆行也。处今日各国皆有铁路之时，而中国独无，譬犹居中古以后而摒弃舟车，其动辄必后于人。他还将铁路之兴的好处归为九端：一是便于国计；二是便于军政；三是便于京师；四是便于民生；五是便于转运；六是便于邮政；七是便于矿务；八是便于轮船招商；九是便于行旅。至于具体路线，他设计中国要道，南路宜修两条，一条由清江经山东达京师，一条由汉口经河南达京师；北路两条，由京师东通奉天，西通甘肃。

尽管刘铭传、李鸿章极力主张修路，但反对修路之声更激烈。内阁学士张家骧在《未可轻议开造铁路折》中，认为修铁路有三敝：一是洋人深入内地，借端生事，百计要求；二是民间必不乐从，徒滋扰攘；三是虚糜帑项，赔累无穷。请朝廷将刘铭传开铁路一节，置之不议。通政使司参议刘锡鸿竟以自己奉使西洋的经历为资本，极力反对修铁路。他在《罢议铁路折》中说：火车实西洋利器，而断非中国所能仿行也。并总结出不可行者八条，无利者八条，有害者九条，其中就有"山川之灵不安，即旱潦之灾易招"这样荒唐的理由。清廷最后屈从于反对者的压力，对刘铭传修铁路的建议，"著毋庸议"。这场修铁路之争以洋务派失败而结束。

但李鸿章并未停止修铁路的计划，他一面继续批驳顽固派反对修铁路的谬论，一面在自己管辖区内开始修路，以便造成既成事实，用实际效果来打动朝廷，堵住反对者的口实。他支持唐廷枢在开平煤矿修筑唐山至胥各庄铁路，以便运煤。1880年唐胥铁路动工，第二年建成，这短短的十公里是中国人自己修筑的第一条铁路。与此同时，他也在不断劝说总理衙门支持修路。1883年，他在致总理衙门的信函中说：火车铁路利益甚大，东西洋均已盛行。中国阻于浮议，至今未能试办，将来欲求富强制敌之策，舍此莫由。

1886年，在李鸿章的一再争取下，清政府终于决定将铁路事宜划归由奕譞为总理、李鸿章为会办的海军衙门办理。由海军衙门来修铁路也真是世界铁路史上的一件奇闻。但不管怎么说，修铁路总算合法了。于是，李鸿章将唐胥铁路延长至芦台附近的阎庄，总长从十公里延长到四十公里。1886年，李鸿章又与奕譞商议，提出将唐芦铁路延长修建到大沽、天津。1888年，从唐山到天津的一百三十公里铁路建成。

李鸿章还想趁热打铁，准备把铁路从天津延伸至京城附近的通州。1888年11月，他通过奕譞主管的海军衙门奏请修筑津通路，将沿海与内地连接起来。这一建议得到朝廷的批准，但又遭到顽固派的反对，由此又引发一场关于修铁路的大争论。顽固派旧调重弹，毫无新意，不值一驳。洋务派的后起之秀张之洞虽明确表态支持修路，但他的建议却是停修津通路，改修从卢沟桥到汉口的卢汉路，最后得到朝廷的批准。这次争论虽以洋务派的胜利而告终，可李鸿章却高兴不起来，自己的计划又落空了。

由于卢汉铁路路长费巨，非短时间所能修成，于是李鸿章便寻找时机，以求再次争得修路之权。而此时沙俄加紧修建东方铁路，直接威胁我国东北的安全。东北是清朝的"龙兴之地"，清廷岂能坐视不管。1890年（光绪十六年）3月，李鸿章会同总理衙门上奏朝廷，提出东北、朝鲜受到日本、俄国的严重威胁，因此建议缓建卢汉路，先修山海关内外的关东铁路，以加强防务，将卢汉铁路拨款移作关东铁路之用，得到朝廷的批准。李鸿章计划关东铁路由滦州的林西修干路出山海关至沈阳，再到吉林，再从沈阳修到牛庄、营口的支线。1891 年李鸿章在山海关设立北洋官铁路局，第二年动工修建关东铁路，1893 年铺轨至山海关，1894 年中日战争前，修路至中后所。李鸿章的铁路梦最后因甲午中日战争而中止。

铁路建设是中国近代最重要的基础设施工程之一，它引发的争议最多，牵涉的面最广，涉及中外之争、顽固派与洋务派之争、洋务派内部之争、官办商办之争，以及线路、资金、技术等方面的问题，可以说，铁路建设是晚清洋务运动的缩影。李鸿章作为洋务运动的领军人物，一直是铁路建设的倡导者和实践者，其认识之深刻、态度之坚定、行动之积极，在晚清无人能比。他为中国铁路建设可谓煞费苦心，甚至可以说是呕心沥血。在中国早期的铁路建设史上，李鸿章无疑应有浓彩重抹的一笔。

谋创水师，大半为制驭日本起见

19 世纪 70 年代中国出现了严重的边疆危机，为应对危机，清政府开始了长达二十年的海防建设。李鸿章是海防建设的积极倡导者和实践者，他为组建北洋水师费尽心血，而随着北洋水师的覆灭，他一生的事业也由巅峰跌入谷底。

1874 年（同治十三年）日本入侵台湾，清朝有识之士敏感地认识到日本对中国的威胁。而日本之所以敢挑战中国，正因为它拥有铁甲战船。因此，台湾战事稍平，清政府内部就引发了一场海防大讨论。

1874 年 11 月，总理衙门向朝廷递呈《海防亟宜切筹武备必求实际疏》，强调筹办海防的必要性和紧迫性，并提出练兵、简器、造船、筹饷、用人、持久等项办法，请交沿江沿海各省督抚、将军讨论。与此同时，前江苏巡抚丁日昌也通过广东巡抚张兆栋递呈了自己拟定的《海洋水师章程》，建议创立北洋、东洋、南洋三支海军。清廷将总理衙门和丁日昌的条陈交沿江沿海各省督抚详细筹议，左宗棠当时任陕甘总督，因留心洋务，也一并参加谈论。

在这场海防大讨论中，李鸿章向朝廷上了著名的《筹议海防折》，比较全面地阐述了自己的海防主张。他首先分析了当时中国面临的严峻形势：各国条约已定，断难更改。江海各口，门户洞开，已为我与敌人公共之地。无事则同居异心，猜嫌既属难免；有警则我虞尔诈，措置更不易周。值此时局，似觉防无可防。而且，洋人论势不论理，彼以兵势相压，我只想以笔舌胜之，必不能得。因此，中国目前遭遇到"数千年来未有之变局"，面对着"数千年来未有之强敌"。李鸿章对时局的精辟分析，震惊朝野，百年后读起来仍令人有身临其境的危机感。

接下来，李鸿章从练兵、简器、造船、筹饷、用人、持久等六个方面提出了自己的意见。在"造船"一条中，他认为现在要急于成军，船舰必须在外国定造为省便。应拣派明于制造略知兵事之员，选带学生工匠前往，亲赴各厂考究，与其议价定造。同时将带去的华匠兵士附入该厂及武备院学习制造技术，并讲求驾驶操练之法，待船舰造好，配齐炮位，随船回华。而中国船厂仍应适量开拓，以备修船之用。在"筹饷"一条中，他明显以海防为重，建议朝廷密告西路各统帅，但严守现有边界，一边屯田一边耕种，不必急图进取。同时招抚伊犁、乌鲁木齐、喀什噶尔等回族首领，准其自为部落。他甚至建议将已经出塞及尚未出塞各军，略加核减，可撤则撤，可停则停。其停撤之饷，即匀作海防之饷。否则只此财力，既备东南万里之海疆，又备西北万里之饷运，必困穷颠蹶。而左宗棠则反对李鸿章暂缓西征、节饷以备海防的意见，主张东南海防与西北塞防并重。清廷从全局考虑，坚持了海防与塞防并重的方针，并任命李鸿章、沈葆桢分别督办北洋、南洋海防事务。

1884 年（光绪十年）8 月，在马尾海战中，福建水师全军覆灭，这对清政府的海防建设是一个沉重打击，但也迫使清政府加快了海军建设的步伐。1885 年，清廷发布上谕宣称：当此事定之时，惩前毖后，自以大治水师为主。李鸿章对此积极拥护，并在《设立海军衙门折》中，再次阐述自己对海军建设的意见。他认为中国七省洋面广袤万里，非有四支得力水师，万不敷用，建议创建北洋、南洋、闽台、广东四支水师。在枪炮制造方面，上海、南京、天津、广东各有机器局，大部分造炮械子药，以供各路防军操战之需，万不可少。还应选择内地开煤铁矿近水之处，分设造枪造炮专厂。在海军基地建设方面，西国无不于海外另立口岸为水师根本，有炮台、陆军依护，其船坞、学堂、煤粮、军械均屯储于此。中国如有四支水师，则必须选择南北洋沿海形胜之地，分别驻守训练停泊。在经费方面，他提出无论如何开源节流，每岁必须另筹提银五百万两以为大治水师之需，约计十年当可成军。李鸿章此折最主要的建议是在朝廷中设立海军衙门：若专设有衙门，筹议有成规，应手有用款，则开办后诸事可渐就绪，时间一久，根柢固而事权一，然后水师可治。

这份奏折既是李鸿章十年海军建设经验的总结，也成为清朝后十年海军建设的指导方针。1885 年 10 月，清廷决定设立海军衙门，任命醇亲王奕譞为总理，庆郡王奕劻和李鸿章为会办，并先从北洋已有船只中精练海军一支，由李鸿章具体负责。海军衙门名义上以奕譞为首，但实权操纵在李鸿章手中。1888年10月，清政府批准了李鸿章负责制定的《北洋海军章程》，标志着北洋海军正式成立。

李鸿章既是清朝海防建设的总设计者，又具体负责北洋水师的创建。他起初主张自造船舰，但1874年以后又主张以买船为主、造船为辅，其原因：一是中国造船之银，倍于外洋购船之价；二是急欲成军，须在外国定造为省便。他先是依靠洋人购买炮船，但后来发现这类炮艇（又称蚊船）炮重船小，行驶迟缓，只能在海口及沿岸浅水处驰逐，若出洋制敌，难有把握。于是，他就把眼光投向铁甲战舰。1880年，李鸿章征得清廷同意，致电驻德公使李凤苞会同科学家徐建寅等考察欧洲各国军事装备，两人最后向德国伏尔铿厂订造两艘铁甲舰。1885年，这两艘铁甲舰驶抵中国，被命名为"定远"和"镇远"。这两艘铁甲舰是姊妹舰，每艘排水量7000余吨、马力6000匹、航速14.5节，大小炮20门，舰载鱼雷艇两艘，在当时算是巨型铁甲舰。此后，李鸿章又从德国购进"济远""经远""来远"，从英国购进"致远""靖远"，以及若干艘鱼雷艇。到1888年北洋海军成立时，已拥有铁甲舰、巡洋舰、炮艇、鱼雷艇、练船、运船等各类战船二十五艘，具有较强的实力。

除购买军舰外，李鸿章还在海军基地建设和人才培养方面费了不少心血。从1880年起，他先在大沽口建造船坞，后又把精力集中在旅顺口和威海卫海军基地建设上。1890年旅顺船坞竣工，其规模宏阔，实为中国坞澳之冠。为防务船坞，还在旅顺口修建了口西、口东海岸炮台、陆路炮台。为巩固旅顺后路，兼顾金州防务，又修建了大连湾炮台。在威海卫岸上要隘建置炮台，水面建筑铁码头。旅顺口与威海卫遥遥相对，共同成为拱卫津京的门户。在海军人才方面，李鸿章一面聘请洋员担任炮术、驾驶等各科教习，一面设立学堂自行培养。1880年，开始筹建天津水师学堂，第二年建成开学，该校设驾驶、管轮两个专业，由船政局提调吴仲翔任总办，严复为总教习（1890年升为总办），教师多为洋人及福建船政学堂的毕业生。此外，李鸿章设立的海军学堂还有大沽水雷学堂、威海卫水师学堂、旅顺口鱼雷学堂等。

经过李鸿章十几年的努力，到甲午中日战争前，北洋水师已渐成规模，成为一支拥有二十余艘战船及多个基地的军事力量。1894年5月，李鸿章第五次检阅了北洋舰队、南洋舰队、广东舰队的会操演习，视察了大沽、旅顺、大连、威海、胶州、烟台、山海关等处的各海军学堂、海口炮台、沿海陆路各防营、船坞、厂库。李鸿章一方面对海防建设的成绩表示满意，认为只要烟台布防完成，此后京师东面临海，北至辽、沈，南至青、齐，两千里间一气联络，形势完固；但另一方面又对海军建设的停滞表示担忧。他在《校阅海军竣事折》中向朝廷表示：西洋各国以舟师纵横海上，船式日异月新。英、法、俄各铁舰规制均极精坚，即日本蕞尔小邦，尤能节省经费，岁添巨舰。中国自光绪十四年北洋海军开办以后，迄今未添一船，仅能就现有大小二十余艘勤加训练，窃虑后难为继。李鸿章的担忧半年后就变成了现实。由于经费缺乏，又被挪用，北洋海军自1888年成军以后，未能再添一艘军舰，直到甲午中日战争中全军覆灭。李鸿章的半生心血付之东流，中国的海防事业也遭受重创。

李鸿章筹议海防，创建海军，目的就是要与洋人争衡，抵御列强从海上对中国的侵略。他尤其对日本对中国的海上威胁十分警惕，1881 年指出：日本国小民贫，虚骄喜事。长崎距中国口岸不过三四日程。按照古人远交近攻之义，日本对中国的威胁，更甚于西洋诸国。今日所以谋创水师不遗余力者，大半为制驭日本起见。应该说，李鸿章创办海军的目标非常明确，也付出了巨大的心血，但由于体制、经费、用人等方面的制约，最终还是功亏一篑，令人扼腕。

用人最是急务，储才尤为远图

李鸿章在从事洋务活动的过程中，充分认识到人才的重要性，为此殚精竭虑，提出了不少有益的建议，做了不少实际的工作，有些还具有开创意义。

1862 年，总理衙门为了培养翻译人才，在北京设立了京师同文馆。1863 年，李鸿章就向朝廷建议在上海设立外国语言文学馆。他的理由是：中外交通二十余年，许多外国人都在研习中文，其中的突出者甚至能阅读中国经史，而中国官绅中绝少有通习外国语言文字之人。遇有中外会商之事，皆凭外国翻译官传述，难保无偏袒捏架情弊。而中国能通洋语者，仅有通事，但此类人往往借洋人势力播弄挑唆，以遂其利欲，甚至蔑视官长，欺压平民，无所忌惮。京师虽设同文馆，但上海是洋人总汇之地，种类较多，书籍较富，见闻较广。因此，他提出依照同文馆之例，在上海添设外国语言文字学馆，挑选附近 14 岁以下聪明的幼童，聘请西人教习，兼聘内地品学兼优的举贡生员，教以经史文艺。1863 年，上海广方言馆成立。北京同文馆只是语言学校，而上海广方言馆不仅仅是语言学校，还要学习西方科学技术知识，实际上是中国近代第一所中等技术专业学校。

1874年12月，李鸿章在《筹议海防折》中，对如何用人和培养人才发表了自己的真知灼见。他明确提出：用人最是急务，储才尤为远图。洋人进入中国已三十余年，驻京也已十余年，几乎年年用兵力威胁我，而在中国想寻找练达兵略、精通洋法的人却很难。其原因就是不学之故，下面不学又是由于上面不教造成的。军务肃清以后，文武两途，仍以章句弓马为晋身之阶，而章句弓马用之于洋务，实在是隔膜太甚。所用非所学，人才何由而出？非开风气，破故习，求实济，天下危局，终不可支，以后人才匮乏，会更甚于今日。

由于改科举的阻力太大，难以实行，李鸿章提出了只立不破的培养洋务人才的方案。他认为：科目即不能骤变，时文即不能骤废，而小楷试帖，太蹈虚饰，甚非培养人才之道。应于考试功令稍加变通，另开洋务进取一格，以资造就。请在沿海省份，均设洋学局，挑选通晓时务大员主持其事，分为格致、测算、舆图、火轮、机器、兵法、炮法、化学、电气学数门。如有志愿学者，选收入局，聘西人博学者为师友，按照所学浅深，酌给薪水，然后分派到船厂炮局，或充补防营员弁。如有成效，分别文武，照军务保举章程，奏奖升阶，授以滨海沿江实缺，与正途出身无异，若始勤终怠，立予罢革。如此多方诱掖，劝惩兼施，根据所学安排所用，十人中得一人，百人中得十人，二十年后制器、驶船自强之效可见。

李鸿章这套培养洋务人才的方案，看似保守，实蕴含深意，其关键在于，在不变科举的前提下，另开洋务进取一格，给洋务人才以出路，使他们在升迁方面与科举正途出身者无异。在1885年的《设立海军衙门折》中，他再次指出，西洋武官无不由学堂出身，由世家子弟挑选，国人皆敬重之。国家设立各类学堂，教授各类艺业，学生在学堂学习理论，在船上实习操作。出学当差数年，仍可回原学堂再加精练，按年考试，去取极严，所以将才辈出。中国所用非所习，则无真才可用。二十年来，福州、天津虽有驾驶制造学堂，但朝廷不太重视，部臣也以寻常劳绩苛求，世家子弟有志上进者皆不肯就学。因此，他建议，应定以登进之阶，令学堂学成者与正途并重。

1887年，清廷决定对求才之格，量为推广，李鸿章又上奏，为学堂学生争取科甲正途出身，得到批准。1888年，天津水师武备学堂教习及学生同上海广方言馆学生、同文馆学生一起参加顺天乡试，实现了西学与中学首次同考，这对以八股取士的科举制度也是一个很大的冲击。

李鸿章之所以一再为洋务学堂的学生争取正途资格，就是为洋务学堂的发展和洋务人才的成长提供一个适应的环境。很明显，在一个视科举为正途、读书只为做官的时代，不给洋务学堂的学生以出路，谁还愿意来上？洋务人才又由何而出？为适应洋务事业对人才的需要，李鸿章还主持创办了多所新式学堂，如上海广方言馆、天津水师学堂、天津武备学堂、威海水师学堂、旅顺鱼雷学堂、天津电报学堂、天津西医学堂等等。他无疑应是中国近代新式教育的开创者之一。

更值得一提的是，近代中国的留学教育与李鸿章有直接的关系。1868年，毕业于美国耶鲁大学的容闳通过江苏巡抚丁日昌向朝廷建议派遣留学生，未有回应。1870年，容闳随曾国藩处理天津教案，又通过参与办案的丁日昌向曾国藩提出派人出洋留学的计划。于是，曾国藩与李鸿章联名上奏，得到朝廷批准。1871年，曾、李二人又在致总理衙门函中论述了出洋留学的必要性、正当性和可行性，同时制定了十二条具体章程，规定每年选派三十名十二三岁的幼童赴美，分四年共派一百二十名，学生所学专业由清政府决定，留学期间为十五年，毕业后要回国听候政府派用，不得入外国籍，不得在外逗留或私自另谋职业。1872年3月，曾国藩病逝，留学事务主要由李鸿章主持。1872年8月12日，第一批三十名幼童乘船由上海赴美。1873年、1874年、1875年，第二、三、四批各三十人相继成行。

出洋留学是中国亘古未有的新鲜事物，在当时遭到各方的攻击和责难。首先是留学监督陈兰彬坚持"中体西用"的方针，对留学生的某些"西化"行为极为不满，副监督容闳为学生辩护，两人发生矛盾。后来，清政府又任命区谔良、容增祥、吴子登为留学生监督，他们都攻击容闳纵容学生，任其放荡淫佚，诬蔑学生适异忘本，甚至扬言：他日纵能学成回国，非特无益于国家，而且有害于社会。要求解散留学事务所，撤回留学生。曾经支持留学的奕䜣听信谗言，担心留学生染上洋习，危害大清，也倾向于撤回。

李鸿章对留学事业是一贯支持的，他曾说此举为造就人才、渐图自强至计，关系甚大。赴美学习军政、船政、制造诸学，使西人擅长之技，中国悉能谙习，实为中国自强根本。当留学费用发生困难时，他总是设法筹措，表示断无惜费中止之理。但历任监督对留学生的指责以及对容闳的非难，对他不能不有所影响。而容闳因缺乏官场经验，没有写信给李鸿章说明真相并提出处理意见，令李鸿章对留学生的情况无从了解。他曾力争"半撤半留"，将已入大书院者留美卒业，其余选聪颖可成才者酌留若干，此外逐渐撤回。但奕䜣等拒绝了李鸿章的建议，以留学生见异思迁、洋化甚深为由全部撤回。中国近代第一次留学就这样半途而废了。

　　尽管这次幼童赴美留学中途夭折，但已经冲破坚冰的留学事业不可能重新封冻。1877 年，包括严复在内的福建船政学堂三十五名学生出洋赴英、法留学。之后，出洋留学渐成气候，走出国门向西方学习已是大势所趋，潮流所向。李鸿章倡导和主持的留学事业虽经历挫折，未能达到预期目的，但他在中国留学史的首创之功还是应该被铭记的。

第6章

一生功过在和戎

李鸿章是晚清外交活动的主要承担者，这一方面给他带来很高的国际声誉，他被西方视为清政府的代表人物；但另一方面，在"弱国无外交"的法则下，他代表清政府签订的一个又一个不平等条约，又使他成为军事和外交失败的"替罪羊"，"投降""卖国"的骂名，相伴终身。1901年，他刚签订完《辛丑条约》，有人就写诗说他"一生功过在和戎"。时至今日，如何看待他的外交活动仍是评价他的焦点之一。

不论势之强弱，总以议和为是

"外须和戎，内须变法"是李鸿章从事洋务活动的指导思想。在国内事务中，他所说的"变法"主要是指军事、经济方面的改革；在中外交涉中，他力主议和，试图争取到一个和平的建设环境，但树欲静而风不止，东西方列强的侵略本性决定了他们不会坐视中国的发展，反而为了自己的利益，凭借自己的实力，不断挑起战争。李鸿章要在这样的背景下谋求和平，其艰难和窘况可想而知。

1870年（同治九年）6月，天津发生民众殴杀洋人事件，包括法国驻天津领事丰大业在内的二十名外国人被殴毙，史称"天津教案"。事件发生后，法国公使联合俄、英、美等国公使，发出七国联合照会，要求清政府尽快妥善处理。英、法军舰也开到塘沽海面示威，甚至扬言：十数日内再无切实办法，定将天津变为焦土。为应对危机，清政府命直隶总督曾国藩前往处理。曾国藩到津后，劝谕绅民勿逞一朝之忿而不顾干戈。为避免战争，曾国藩不得不严惩"凶手"，将天津知府、知县流放，判处二十名中国人死刑，二十五人流放，赔款白银四十余万两。曾国藩的判决一出，引起朝野舆论一片大哗，纷纷指责他偏袒洋人，误国害民。曾国藩自己也承认办理既多棘手，措施未尽合宜，外渐清议，内疚神明。清廷利用两江总督马新贻遇刺身亡之际，将曾国藩调回两江总督，任命李鸿章为直隶总督。

李鸿章到天津后，基本上遵循曾国藩的处理方案，只不过将原来判处死刑的二十人中的四人以误杀罪免死，赔款及抚恤银增加到五十余万两。由于之前朝野的怨愤都集中在曾国藩身上，李鸿章的声名未受天津教案的影响，他反而因此案的发生被清廷委以直隶总督的重任。

李鸿章在接任直隶总督之际，前去拜访老师曾国藩，请教对付洋人之计。两人见面后，曾国藩先问，少荃，你如今到了此地，是外交第一冲要的关键，今国势消弱，外人方协以谋我，小有错误，便贻害大局，你与洋人交涉，打算作何主意？李鸿章回答，门生也没有打什么主意，我想，与洋人交涉，不管什么，我只同他打"痞子腔"。所谓"痞子腔"是李鸿章家乡的土话，即油腔滑调的意思。

曾国藩听罢，沉吟半天才慢慢开口，拉长声音说：呵，痞子腔，我不懂得如何打法，你试打给我听。李鸿章听出曾国藩不以为然，便连忙说：门生信口胡说，错了，还求老师指教。于是，曾国藩就板起脸来对李鸿章说：以我看来，还是用一个"诚"字。圣人言，忠信可行于蛮貊，这断不会有错的。我现在既没有实在力量，尽你如何虚强造作，他是看得明明白白，都是不中用的。不如老老实实，推诚相见，与他平情说理，虽不能占到便宜，也或不至过于吃亏。无论如何，我的信用身份，总是站得住的。脚踏实地，蹉跌亦不至过远，想来比"痞子腔"总靠得住一点。李鸿章听罢，连忙称是，表示遵奉老师训示办理。李鸿章后来向别人讲，我办了一辈子洋务，没有闹出乱子，都是老师一言指示之功。

这段话是李鸿章晚年对曾国藩的孙女婿吴永所言，被写入《庚子西狩丛谈》一书，后人据此认为曾国藩对外用的是"诚字经"，而李鸿章对外用的是"痞子腔"。这其实是过于夸大了两人对外方针的区别。其实，曾、李二人对外交涉都是以议和为上，即便委曲求全，也不能轻易与洋人开衅。两人都明白洋人论势不论理。因此，曾国藩在处理天津教案时，向朝廷上奏说，中国目前之力，实难骤起兵端，唯有委曲求全之法。他还分析了以前的教训和经验：道光庚子以后，办理夷务，失在朝和夕战，无一定之至计，遂使外患渐深，不可收拾。皇上登基以来，外国盛强如故，唯赖守定和议，绝无改更，因此能中外相安，十年无事。倘若从此动兵，则今年即能幸胜，明年彼必复来，天津即可支持，沿海势难尽备。朝廷昭示大信，不开兵端，实天下生民之福。而李鸿章对天津教案的处理态度也是

"我诎彼直，不论势之强弱，总以议和为是"。与曾国藩如出一辙。其实，从晚清外交的实践来看，无论是曾国藩的"诚字经"，还是李鸿章的"痞子腔"，在东西方列强的坚船利炮面前都不堪一击。国际舞台上根本没有公理正义可言，有的只是实力和利益，一个在战场上失败的弱国想在谈判桌上纵横捭阖，不战而屈人之兵，只能是异想天开的梦呓，李鸿章在晚清的外交实践充分证明了这一点。

李鸿章的外交活动主要是在直隶总督任上开展的。这里面有一个问题需要交代，那就是，李鸿章作为直隶总督，只是直隶一地的最高行政军事长官，他为何会参与那么多的外交活动？清政府为何会让他办理外交？外国政府又为何单找李鸿章谈判？这其中涉及晚清政治体制的变化和清廷对中外交涉的态度。

近代以前，清王朝并无外交的观念，只是设理藩院管理与周边藩属国的关系。鸦片战争以后，清政府被迫开五口通商，为处理中外交涉事宜，设立五口通商大臣，一开始由两广总督兼任，后由江苏巡抚或两江总督兼任。1861 年，清政府设立总理衙门（又称总署或译署），在中央算是有了一个负责对外交涉的机构，但总理衙门所管事务庞杂，并不是专门的外交机构，很多外交事务还是征求地方督抚意见，或推给地方督抚来处理。清政府这样做的目的，一是可以"矮化"洋人，让他们只能跟地方官员打交道，自欺欺人地维持天朝上国的脸面；二是当交涉出现问题时可以推卸责任，诿罪于地方官员。但这样做的结果就使得地方官员有可能更多地参与外交事务，实际上是削弱了中央政权的权威，壮大了地方势力。

第二次鸦片战争以后，随着对外开放口岸的增多，清政府在上海设立南洋通商大臣，在天津设立三口通商大臣，后演变为北洋通商大臣，专门负责中外通商和交涉事务。一开始，三口通商大臣是专职，与直隶总督并无关系，如天津教案发生时，三口通商大臣是崇厚，驻天津，直隶总督是曾国藩，驻保定。曾国藩是奉旨由保定赴天津处理教案的。

但 1870 年李鸿章任直隶总督后不久，情况发生了很大变化。10 月，工部尚书毛昶熙上奏，建议撤销三口通商大臣，由直隶总督兼任，得到朝廷批准。这样，李鸿章就由直隶总督兼三口通商大臣，后又变为直隶总督兼北洋大臣。由于直隶总督府在保定，三口通商大臣衙门在天津，为了解决这一矛盾，清政府规定，将通商大臣衙署改为直隶总督行馆，直隶总督在天津、保定间轮驻，也可常驻天津。这样，直隶总督李鸿章就不再只是一个对内的地方官员，而要负责大量的外交事务，逐渐成为晚清外交的中心人物，不仅清政府委托他处理中外交涉，外国驻华公使也经常来津与他商议外交事务。他的天津北洋大臣衙门实际上相当于清政府的外交部，他本人也成为中外交涉的主持人。这就是李鸿章为什么会深深陷入外交事务的原因。

李鸿章任直隶总督兼北洋大臣二十五年，既是手握行政、军事大权的第一总督，又是这一时期中国外交的主要代表人物，权大任重，内外兼顾。这一方面使他得以在洋务运动中大显身手，干出一番事业；但另一方面，弱国外交的困境又使他战难取胜，和必退让，朝廷斥责，舆论喊杀，最终成为中国近代史上最受攻击和诽谤的悲剧性人物。

诚为中国永久大患

李鸿章全面负责外交事务是从 1870 年的中日交涉开始的，

他最后又因《马关条约》的签订而声名狼藉。二十多年来，对日交涉既是李鸿章外交活动的中心，也是清朝外交成败的关键。

日本是中国的近邻，在近代之初亦受西方的侵略，同西方列强签订过不平等条约。但日本自 1868 年明治维新以后，全方位向西方学习，逐步走上资本主义发展道路，并开始把侵略的矛头指向中国。1870 年 9 月，日本政府派柳原前光等来华，要求订约通商。柳原前光一行到天津后，先后拜见三口通商大臣成林和直隶总督李鸿章，表示订约通商之意。成林将日本文书转至总理衙门，总理衙门大臣的答复是允许照常通商，不必议约，回绝了日本的要求。但柳原等人再三恳请，并用巧言来打动李鸿章，说我国与中国最为邻近，宜先通好，以冀同心合力对抗英、法、美诸国。这正合李鸿章"以夷制夷"的初衷。于是李鸿章向朝廷上奏说，日本近在肘腋，永为中土之患。该国自与西人定约，广购机器兵船，仿制枪炮铁路，又派人往西国学习各色技业，其志固欲自强以御侮。日本毕竟距中国近而西国远，笼络之或为我用，拒绝之则必为我仇。李鸿章的意见得到了朝廷的批准。

1871 年 7 月，日本任命大藏卿伊达宗城为钦差全权大臣，外务大丞柳原前光为副使来中国与清政府全权大臣李鸿章谈判。日方力争援引西方国家之例，把种种不平等的特权订入条约，而中方则坚持不把"一体均沾"的字样写入条文。9 月 13 日，中日双方签订了《修好条规》和《通商章程》。条规和章程规定两国互派使节，双边享有领事裁判权，互相承认协定关税，两国商民准在对方指定的通商口岸贸易等等，没有写入"一体均沾"的条款，这个条规和章程基本上是平等互利的。

可条约墨迹未干，日本就开始反悔。1872年，日本派柳原前光来华要求修改条约。李鸿章认为日本狡黠可恶，坚守前议，不稍松动，对柳原前光当面斥责，并照会日本政府说，两国初次定约，最要守信，不能旋允旋改。1873年4月，日本外务卿副岛种臣来华换约，并借台湾高山族人误杀琉球遇难船民一事，试探清政府的态度。原来在1871年11月，有琉球船民遇飓风漂到台湾，被杀五十四人。这本与日本无关，但它想以此为借口侵略台湾。副岛一行在天津与李鸿章会面后，又以祝贺同治皇帝大婚及亲政为名来到北京，与总理衙门大臣会晤，借机纠缠台湾问题。此时，李鸿章对日本的侵台野心亦有所察觉，他在给同僚的信中说，台湾生番一案，大觉离奇。

1874年4月，日本设立了"台湾事务局"，任命陆军中将西乡从道为"台湾事务局都督"，在长崎建立侵台基地。5月初，三千名日军开始侵略台湾。清政府闻讯后，大为震惊，急忙向日本提出强烈的抗议，并任命福建船政大臣沈葆桢为"钦差办理台湾等处海防兼理各国事务大臣"，令其带领轮船兵器，以巡阅为名，前往台湾查看。李鸿章得知侵台消息后，气愤异常，对日本人的狡诈本性也有了更深刻的认识，他在给沈葆桢的信中写道，日本自1870年遣使来津求约，以后每年来一次，弟与之周旋最久。其人外貌响响恭谨，性情狙诈深险，变幻百端，与西人迥异。他建议通过"喻以情理"和"示以兵威"两手策略逼日本撤兵，并调拨五千六百名淮军乘船赴台，以壮声势。由于沈葆桢部署得当和当地高山族人的抵抗，日本无力占领台湾，不得不再次与清政府谈判。

1874年7月，日本驻华公使柳原前光到天津，开始与李鸿章谈判。李鸿章一见柳原，怒不可遏，斥责日本，一面发兵到

077

我境内，一面叫人来通好；口说和好之话，不做和好之事，除非有两日本国，一发兵，一通好也。柳原前光极力狡辩。李又诘问道，你去年才换和约，今年就起兵来，如此反复，当初何必立约？我从前以君子相待，方请准和约，如何却与我丢脸？可谓不够朋友！李鸿章还警告柳原，今日如此办法，中国文武百官不服，即妇孺亦不服。中国十八省人多，拼命打起来，你日本地小人寡，吃得住否？大丈夫做事，总应光明正大。虽兵行诡道，而两国用兵，题目总要先说明白，所谓师直为壮也。李鸿章想用中国的礼义廉耻来感化日本人，可见他对日本侵略者的本质和近代外交"论势不论理"的法则还认识不深，对日本侵略者还抱有幻想。

至于如何处理台湾问题，李鸿章在给总理衙门的信函中建议，台湾系海外偏隅，与其听一国久踞，莫若令各国均沾，即将台湾开为商埠，使各国利益均沾。关于日方要中国赔偿军费的要求，李鸿章认为赔偿军费有损中国颜面，万不得已，可以抚恤琉球被难之人及犒赏日本兵士远道艰苦的名义给以赔偿，不拘多寡，不作兵费，使得日兵踊跃回国。这样做的好处在于，出自我意，不由彼讨价还价，或稍得体，而非城下之盟可比。为了所谓的"面子"竟把赔款说成是"抚恤"和"犒赏"，这种自欺的把戏也算是晚清外交的一大特色。

9月1日，日本全权大臣大久保利通到天津，但并未会晤李鸿章，5日到北京，14日开始与总理衙门大臣谈判。在英、美驻华公使的"调停"下，1874年10月31日，主持总理衙门的恭亲王奕䜣、军机大臣大学士文祥等与日本全权大臣大久保利通在北京签订了《北京专条》及互换会议凭单。由于奕䜣等人昧于外交技巧，对条文的严谨殊有疏失，最后为日本所乘。

琉球本是清朝的藩属，条约中竟说成是"日本国属民"，本来是日本侵略台湾，却说是"保民义举"。《北京专条》刺激了日本的侵华野心。1879 年 4 月，日本正式吞并琉球。

李鸿章虽然没有参与最后的签约，但他无疑是这次中日交涉的主角之一。通过 1870 年至 1874 年的中日交涉，李鸿章充分领教了日本的狡诈和背信弃义，彻底放弃了中日联合共同抵御西方的幻想，而开始把日本视为中国最主要的敌人。在此后的海防大讨论中，李鸿章接连上《筹议海防折》和《筹办铁甲兼请遣使片》，详细阐述了大办海军的主张，特别在后一折中，他明确指出："日本其志不小，故敢称雄东土，藐视中国，有窥犯台湾之举。泰西虽强，尚在七万里以外，日本则近在户闼，伺我虚实，诚为中国永久大患。今虽勉强就范，而其深心积虑，觊觎我物产人民之丰盛，冀幸我兵船利器之未齐，将来稍予间隙，恐仍狡焉思逞。"尽管清王朝已经预感到日本为中国永久之大患，并为此开始了海防建设，但因循敷衍，有始无终，二十年后，中国在甲午战争中再次惨败于日本手下。

反复争论，字字较量

在李鸿章的外交生涯中，妥协退让、委曲求全一直是主调，但也有一次难得的强硬外交，那就是 1873 年至 1875 年与秘鲁关于保护华工和通商的谈判。

19 世纪 40 年代以后，随着国门洞开和不平等条约的签订，欧美诸国在中国沿海各地掠卖大批华工运至美洲、大洋洲和太平洋各岛做劳工。各地华工遭受种种迫害与压榨，许多人死于非命。地处南美洲的秘鲁就是掳掠和虐待华工的主要国家之一。

清政府对海外华工的遭遇也有所了解，也试图通过外交途径加以改善。1867年、1869年，总理衙门先后接到由美国公使转来的秘鲁华工求援的禀文，曾想寻找办法解决。1872年7月，秘鲁船只"玛也斯"号偷载被拐骗华工二百二十余名由澳门出发，在日本横滨被发现并扣留。李鸿章得知后，认为应派员赴日本参加会审。9月，苏松太道沈秉成即派员至日本会审此案。后经日方判决，这批华工于10月被遣返回上海。

1873年10月，秘鲁使臣葛尔西耶来华商定通商条约事宜，这就为清政府解决秘鲁华工问题提供了一个契机。当时李鸿章与总理衙门商定，要求秘鲁将在秘华工全部送回中国，并声名以后不再招收华工，否则不与秘方进行商约谈判。从10月下旬起，李鸿章在天津与葛尔西耶进行了多次谈判。在谈判中，李鸿章出示多种华工受虐待的证据，强烈谴责秘鲁拐卖、虐待华工的行径，称秘鲁以前从未与中国通商，却拐骗华人出洋，迭经控发有案，该国无教化、无礼义，不独中国百姓所共恨，也为西国友邦所共知。葛尔西耶则极力狡辩，矢口否认虐待华工，并提出中方可以派人到秘鲁调查，要求先谈判通商条约，否则即回国。由于李鸿章态度强硬，谈判陷入僵局。12月中旬，葛尔西耶离开天津回北京，想活动其他列强公使向总理衙门施压。李鸿章则表示，按照惯例，自己在封河后要回省城保定处理直隶政务，公务繁忙，只能在第二年开春回天津后再议商约之事。

李鸿章当时向总理衙门提出两种解决方案：如同意与之立约，则在约内明确限制其招工的条款；如不准议约，则一意坚执，听其自为。他本人倾向于继续交涉，这是因为，该使若即回国，立形决裂，在秘十余万华人不免再受毒害。1874 年 5 月，葛尔西耶回到天津与李鸿章重新谈判。李鸿章仍坚持必须先将查办华工章程订立妥当，方可商议通商条款，葛尔西耶被迫同意。双方拟定了《会议查办华工专条》草案，之后，李鸿章才与葛尔西耶谈判订立通商条约。6 月 26 日，中秘双方签订了《中秘查办华工专条》与《中秘友好通商条约》。这两个条约双方各有让步：秘鲁要求的与西方列强"一体均沾"被写入条款，中方要求的保护华工的措施也写入条款，如规定中国派员到秘鲁调查华工状况，华工在秘鲁享受寄寓该国其他外侨的一切权益，华工受到雇主虐待可向当地政府或法院控告，秘鲁政府有保护华工和督促雇主履行同华工签订的合同的责任，合同期满应出资送他们回国，秘鲁船只不准在中国口岸诱骗运载华人出洋，违者严惩。

1875 年 7 月，秘鲁派遣特使爱勒谟尔来华换约。由于之前李鸿章已派陈兰彬、容闳到古巴、秘鲁调查华工情况，发现秘鲁华工在签约后仍受迫害，因此非常气愤，提出不能就这样与秘鲁换约，必须再加订保护华工的条款，或添用照会，与前次议定和约一并互换。他在致总理衙门的信中说，中国于立约之后，派员前往秘国确查，始知华工十分受屈，显然与条约内保护优待之例相背。因此，不能不加以照会，声明换约后即当遵约办理，再不能像从前那样凌虐华工。倘彼坚持换约前不能商量，则只可坚持定见，暂缓与之换约，以杜狡计。李鸿章还借此表达了改善华工处境的决心：秘鲁、古巴等处专以贩卖人口为生计，与中国并无通商之事，从前尚未深悉该处凌虐华工情形，尚可含容将就，自陈兰彬、容闳二员分往详查，始悉该国虐待华工甚于犬马，受虐自尽者每日不知凡几，凡有血气之伦，莫不切齿。今若不于照会内剀切议明，即含混与之换约，则是从前既往之华工不能使生，随后复往之华工又将就死，而十数万日在水火、喁喁待援之人，更无拯救的希望了。

对李鸿章的提议，爱勒谟尔以自己只是来换约、未被授权其他事宜表示拒绝。但李鸿章在谈判中态度强硬，爱勒谟尔甚至想拂袖而去，并活动其他驻华公使"担保"在换约后交出照会，但李鸿章仍不为所动。经过近一个月的反复争辩，终于迫使爱勒谟尔以照会的形式保证秘鲁切实保护华工。8月7日，爱勒谟尔交出照会，同日，中秘条约在天津正式互换。此后，李鸿章又上奏朝廷，派员出使秘鲁，随时保护华工利益，清廷接受了建议，派陈兰彬为出使美、西、秘国大臣，容闳帮办一切事宜。

1873年至1875年的中秘交涉基本上是由李鸿章主持的，他利用秘鲁急于同中国签订通商条约的时机，把多年来难以解决的保护华工问题提到日程上来，甚至视其比通商条约还要重要。当得知秘鲁使臣即将来华订立通商条约时，他主张要与之谈判。在他看来，若因深恶其招工之害，不与之议约，也无法禁绝。若与议约，或可能渐杜其擅行招工之弊，并依法查办。这种主动通过外交手段来解决问题的策略无疑是明智的、正确的。在谈判中，李鸿章始终坚持必须先议定查办华工专条，然后才谈判通商事宜。秘鲁使臣来华本是要订立通商条约，并无解决华工问题之诚意，固一开始极力反对，但在李鸿章的坚持下，不得不退让，先行议定了《会议查办华工专条》草案。当李鸿章通过派人调查发现秘鲁没有履行保护华工条约时，又利用换约之际，再次迫使秘鲁特使通过照会的形式保证切实保护华工。

中秘交涉是李鸿章外交生涯的精彩一笔，他也为此颇为得意，他在给总理衙门的信函中说，自己为不准秘鲁在澳门及各口岸诱骗中国人运载出洋一条，反复争论，字字较量，几乎舌敝唇焦，乃得大书特书于册。嗣后中国但能照约严禁，不独秘鲁不敢违犯，即各国招工之举亦得援引辩证。李鸿章之所以能在与秘鲁交涉中态度强硬，主要是因为秘鲁是弱国，距离中国数万里，无法对中国构成炮舰威胁，而且又急于与中国通商，其国内虐待华工的事实也铁证如山，无可抵赖，李鸿章借此据理力争，终于赢得了这场近代史上极为罕见的外交胜利。

不得不隐忍以图息事

19 世纪 70 年代的中国，真可谓多事之秋。中日、中秘交涉刚刚完结，云南又发生了"滇案"，李鸿章又奉命进行中英交涉。

1874 年，为了开辟滇缅商路，英国在印度和缅甸的殖民当局组成一支以陆军上校柏郎为首的探路队前往中国云南，并要求英国驻华公使威妥玛派一名通晓汉语、熟悉中国情况的官员赶到缅甸，陪伴探路队进入中国。7 月，英国驻华使馆向总理衙门索取了几份从缅甸进入云南"游历"的护照，威妥玛便选派上海英国领事馆官员马嘉理为翻译，前往缅甸迎接英国探路队。1875 年 1 月，马嘉理到达缅甸八莫，与柏郎等人会合。2 月初，开始向中国边境进发。2 月 21 日，先行出发的马嘉理一行，在中国云南蛮允附近与当地民众发生冲突，马嘉理及同行四名华人被杀。柏郎未敢继续前行，率探路队退回缅甸八莫。这就是中国近代史上有名的"马嘉理案"，因发生在云南，也称"滇案"。

"滇案"发生后，英国借机扩大对华侵略。3月19日，威妥玛向总理衙门提出六条要求：一，中国和英印政府派员前行调查；二，英印政府可再派探路队入滇；三，赔款十五万两；四，落实1858年《天津条约》所规定的优待外国公使条款；五，免除厘金；六，解决中英间历年"悬案"。这六条的前三条与"滇案"有关，后三条与此案根本无关，英国借机扩大在华权益的目的非常明显。

清政府在得知马嘉理被杀后，非常震惊，急忙命云贵总督岑毓英迅速查办，随后又陆续派湖广总督李翰章和前总理衙门大臣薛焕前往云南查究。对英方提出的六条要求，总理衙门断然拒绝。威妥玛由于一时没有强有力的手段强迫清政府就范，再加上其他国家也反对英国单独扩大在华权益，于是不得不改变策略，企图先解决前三条要求，并以撤使、绝交、用兵相威胁。在此情况下，清政府不得不退让，原则上接受了英方的前三条要求。

1875年8月初，威妥玛由上海返回北京，途经天津，主动找李鸿章商办，意在借李鸿章之力迫使清政府屈服。而此时，清政府也指令李鸿章设法打听英国的真实想法，并尽可能开导威妥玛缓和事态，避免决裂。于是李鸿章和丁日昌在天津与威妥玛及翻译梅辉立展开了多次交涉。

8月3日，李鸿章和威妥玛进行了第一次会谈。会谈中，威妥玛狂妄无理，叫嚷中国要紧在于用人，总署衙门需要换掉几人。李鸿章严词辩驳，说"国政非尔等所能干预"。后在多次交涉中，威妥玛提出几条具体要求：在通商口岸撤去厘卡；内地多开商埠；优待公使；清政府护送英国到云南调查的有关人员；派一二品实任大员亲往英国对滇案表示歉意；朝廷应降旨责问岑毓英等对此案失察之责；派遣道歉使臣及责问岑毓英的谕旨必须明发并在《京报》上公布；这些谕旨凡提到英国字样必须抬写。

对威妥玛提出的要求，李鸿章只同意其中的一二项，但威妥玛断断争较，不肯丝毫通融，并决定到北京直接与总理衙门交涉。李鸿章担心谈判破裂，在给总理衙门的信函中说，中外交涉，先论事理之曲直。此案其曲在我，百喙何辞。威妥玛气焰如此嚣张，但非敷衍徇饰所能了事，建议将来威妥玛进京议及以上问题，如不大碍国体，似可酌量允行，以防决裂。若果决裂，不仅滇边受害，通商各口先自岌岌莫保。南北兵力皆单，已有之轮船炮台断不足以御大敌。加以关卡闭市，饷源一竭，万事瓦解。到那时让皇上担忧，鸿章等人虽万死何可塞责！李鸿章这封致总理衙门函，承认"其曲在我"，以"滇案不宜决裂"为底线，劝告总理衙门对英方要求"酌量允行"，最后竟说谈判一旦决裂，虽万死何可塞责。这表面上是说自己，实际上是提醒总理衙门大臣，若中英决裂，你们根本担不起这个责任。李鸿章的这封信实际上为以后的中英会谈定下了基调。

1875 年 9 月，威妥玛回到北京，开始与总理衙门直接交涉。面对威妥玛的威逼，总理衙门步步退让。1876 年 4 月，李翰章、薛焕的查办奏报到京，根据他们的调查，杀死马嘉理和阻止柏郎的都是当地的"野人"。威妥玛对此结论完全不信，认为如同儿戏，要求将岑毓英以及各官各犯提京审讯，李翰章、薛焕查办不实，亦应一并处分。6 月 2 日，威妥玛将英国的要求总括为八条，告诉总理衙门，如果中方接受这八条，可以不重新提审岑毓英等中国官员，并电告英国政府除赔款外，马嘉理案已经结束。如果八条被拒，则坚持要求提岑毓英等人到京审讯。如果以上两条都不答应，英国将从中国撤回使馆人员，要求巨额赔款，并占据部分中国领土作为担保。

由于同总理衙门的谈判没有结果，威妥玛便扬言离京，表示决裂。同时，他又通过海关总税务司赫德指名要李鸿章作为清政府全权大臣到烟台与他谈判。1876年7月28日，清政府命李鸿章到烟台与威妥玛会谈。李鸿章在临行之前已经意识到此行的艰难，他在给沈葆桢的信中说，英国可以对中国朝廷任意提要求，而我却不能随意对待他们，稍不如愿，恐兵端随其后，若使其如愿，天下之恶皆归焉。既害怕洋人动武，又担心国人责难，这真是一个注定要受屈的差使。

李鸿章到烟台后，8月21日，与威妥玛开始会谈。会谈期间，李鸿章在致总理衙门的信函里坦率地谈了自己的看法。他认为，此事始末，总理衙门和查办大臣皆有误会之处。案出之初，小者、细者未允，以后允其大者，仍不能结。至于提京审讯，不过是英国的索要之计。本案发生后，若认真追究，立予昭雪，则在我理直气壮，此外要索，尽可一意坚拒。可是疆吏任性颠顸于前，既不加以严诘，查办大臣又不谙洋务，仍照寻常办理，未能穷治其由，以致枝节横出。他表示，威妥玛以将岑毓英提京审讯为要挟，出言无状，自己腼颜忍忿，曲与周旋，深为痛心。将来续商条款，势必不能尽允。又无另图速结之法，只有回津坐待决裂。后患之来，不堪设想。李鸿章的这封信函，表面上看是在向总理衙门诉苦，实际上绵里藏针，诿过于人，其本意是说，都是你们把事情弄糟了，现在让我来收拾这个烂摊子。我已经竭尽全力了，以后签订什么条约，你们也别来怨我。

1876年9月13日，李鸿章和威妥玛在烟台签订了中英《烟台条约》，其主要内容是：清朝派员到英国道歉；赔偿英国二十万两白银；英国得以派员到云南查看商务，准备开办通商；增开宜昌、芜湖、温州、北海为通商口岸；租界内免收洋货厘金；洋货运入内地，不论中外商人都只纳一次子口税，全免各项内地税；英国可派员观审中国各地涉及英人生命财产案件；英国可派员由甘肃、青海或四川进入西藏等等。这些内容大部分与"滇案"无关，英国通过这一条约，扩大了在华的商务特权，进一步破坏了中国的司法权，获得了向中国云南、西藏等地扩张侵略的便利。

《烟台条约》不仅是中国近代史上丧权辱国的不平等条约，而且其谈判经过也是"弱国外交"的典型反映。李鸿章作为中英交涉的主角，他一开始就认定"其曲在我"，理亏气短，又坚持"不宜决裂"的底线，只得步步退让，最后几乎全部满足了英国的要求。负责洋务全局的总理衙门，死活不同意将岑毓英等涉案官员提京审讯。而威妥玛正是抓住了这一点，一步步逼清政府就范，最后迫使清政府同意另议其他条件作为交换，达到了自己的全部目的。李鸿章为早日议结此案可谓劳心尽力，最后在无可奈何之际被迫签约。他在事后给山东巡抚丁宝桢的信中也承认，到烟台谈判时，事已不可为，只因朝廷担忧，时局艰危，不得不隐忍以图息事。不过，事后他竟乐观地认为，有此条约，从此妥为驾驭，二十年内或不致生事。由此可见，李鸿章在清朝官场上虽久经历练，可在弱肉强食的近代外交舞台上，他还只是一个小学生。在列强环视的近代中国，哪有凭一纸条约就能维持二十年和平的"国际公理"？

虽予全权，不过奉文画诺

1883年至1885年的中法战争，被后人称为"不败而败"的奇怪战争，与此相对应，这期间的中法交涉更是曲折、复杂、离奇、荒诞。李鸿章是这场荒诞剧的演员之一，只不过前几幕他是主角，最后的一幕他成了木偶而已。

19世纪80年代的中法冲突是由法国侵略越南引起的。越南本是中国的藩属国，越南国王定期到北京朝贡，清朝对越南有保护的责任。近代以来，越南成为法国侵略的目标，通过《西贡条约》，法国将越南南圻变为殖民地。1874年3月，越南阮氏王朝又同法国签订了《越法和平同盟条约》，承认法国在越南中部和北部的"保护权"。1875年5月，法国驻华公使罗淑亚照会清政府，将《越法和平同盟条约》的内容通知总理衙门，并要求驱除中越边境的黑旗军，禁止中国军队进入越南，在云南开口通商等等。6月，恭亲王奕䜣照会罗淑亚，反驳了法国的各项要求，重申了中国对越南的宗主国地位。

由于法国对越南的侵略不断加深，中法冲突已在所难免。最先参与中法交涉的是清朝驻俄、法公使曾纪泽。他对法态度比较强硬，针对法国对越南的不断侵略而接连提出抗议，强调中国与越南的宗藩关系，而法国则坚持越南之事与中国无关，以不予理睬的方式相对抗，中法交涉陷入僵局。

1882年4月25日，法国将军李维业率军突然攻取河内，局势突然紧张，清政府急忙派兵进入越南。曾纪泽在巴黎向法国外交部提出措辞激烈的抗议，法国外交部对此极为恼火，决定通过其驻华公使宝海与中国政府直接交涉。

1882 年 11 月末，法国公使宝海来到天津与李鸿章会谈。经过一番交涉，双方拟定草案三条，而草案将中越宗藩关系这一重大问题搁置未议。李鸿章事后向总理衙门报告说，越南为中国属邦之意，不言而喻。

但 1883 年 2 月法国政局发生变动，茹费里再度出任内阁总理，一贯主张对华强硬的沙梅拉库担任外长。法国新政府决定采取更为激进的侵华政策，断然否决了李鸿章、宝海的草案。

1883 年 5 月 1 日，清廷发布上谕，命正在老家营葬母亲的李鸿章迅速前往广东督办越南事宜，所有广东、广西、云南防军，均归节制。李鸿章接到上谕后立即上奏，列出种种理由力辞不就，并提出暂往上海，察看南北军情，再取进止。5 月 13 日，清廷同意了他的奏请。

6 月 8 日，李鸿章在上海与法国特使、驻日公使脱利古（又译德里固）会谈。脱利古声称，越南非中国属邦，法国决定对越南用兵，以保护法越 1874 年所订条约之权力。李鸿章据此向总理衙门汇报说，目前海防兵单饷匮，水师又未练成，未可轻言战事，只有虚与委蛇，再根据情况寻找应对之法。此后，他与脱利古进行了几次会谈，毫无结果。7 月 5 日，李鸿章离开上海回天津。脱利古向法国政府汇报说，谈判破裂，建议与中国断交，采取强力行动。8 月 25 日，法军进攻越南都城顺化，强迫越南政府签订《顺化条约》，使越南完全沦为法国的殖民地。

9 月 18 日，李鸿章与脱利古又在天津恢复会谈。双方在越南保护权问题上分歧很大，谈判没有结果。10 月 28 日，脱利古离华东渡，李、脱谈判彻底破裂。

面对法军进攻和国内的主战声浪，清廷决定与法国对抗，派大批军队进入越南，并公开支援刘永福的黑旗军。1883 年 12 月中旬，法军进攻驻扎在越南山西的清军，中法战争正式爆发。但在此后的四个月内，清军接连大败，越南的山西、北宁、太原、兴化相继失守。1884 年 4 月，慈禧太后对军机处和总理衙门进行大改组，奕𫍯集团开始取代奕䜣集团。但此后清廷的主和倾向更加明显，中法和谈又提上日程。

1884 年 5 月，李鸿章与法国海军舰长福禄诺在天津开始会谈。福禄诺曾为北洋水师制定过章程，与李鸿章相识，他托粤海关税务司德国人德璀琳带一封密函给李鸿章，提出五点要求，主要为：中国承认法国对越南的保护权，中法订章时法国在措辞上必须保全中国体面，中国必须将驻法公使曾纪泽调开，中国向法国赔款，并以东南某地作为抵押。李鸿章在收到密函后即电告总理衙门，总理衙门认为事属可行，即电令李鸿章在天津与福禄诺议约。

5 月 6 日，李鸿章在天津与福禄诺开始会谈，经过几次商议，5 月 11 日，双方签订《中法简明条款》（亦称《李福协定》），内容共五项：一，法国承认中越边界；二，中国撤退北圻军队；三，法国不向中国索赔，但中国应许中越边境通商；四，中国承认法越所订条约，惟约内不得插入伤碍中国体面字样；五，三月后，各派全权大臣照以上所定各条再议详细条款。中法政府对《李福协定》似乎都表示满意，但 6 月 23 日战火重燃。当日，法军向凉山前进，凉山清军代表向法军解释尚未接到撤防命令。法军在观音桥（北黎）打死清军代表，炮击清军阵地，清军被迫还击，打退法军。北黎冲突爆发后，《李福协定》随之作废。

此后数月，中法之间边打边谈。8 月初，法军进攻基隆，封锁台湾。8月23日，法国舰队突袭福建水师，炮轰船厂。8月26日，清廷下诏对法宣战。但中法之间的谈判并未停止，只是谈判的地点由天津换成了巴黎，中方谈判代表由李鸿章变成了英国人赫德和金登干。

两个英国人何以能包办中法谈判，这看似离奇却又不无原因。赫德任海关总税务司多年，中外交涉的背后多有他的身影，他在一定程度上可以说是西方列强在华外交的总代表。中法战争爆发以后，他一直在寻找时机参与中法交涉。1884年10月，封锁台湾的法国海军劫走了中国海关的巡逻艇"飞虎"号，并通知海关当局只有得到巴黎的命令才能释放。1885年1月7日，赫德通知中国海关驻伦敦办事处负责人金登干去巴黎，面见法国总理茹费里解决此问题。其实，赫德的真正意图并非"飞虎"号，而是想借此打通与法国政府的联系通道，全面插手中法交涉。

由于战场上的不断失利，清廷急于与法国达成停战协议，因此对赫德、茹费里的秘密联系十分信赖。而赫德为了独揽中法交涉的大权，极力排斥其他外交途径。他曾十分得意地告诉金登干："目前的谈判，完全在我手里，我要求保密，并不受干预。我自守机密，总理衙门也如此，皇帝已有旨，令津、沪、闽、粤各方停止谈判，以免妨碍我的行动。"他还说，连李鸿章都不知道实情，而且没法碰它，连总理衙门方面我也不敢把每一件事都告诉他们。赫德由于得到醇亲王奕𫍽的支持，才敢如此胆大妄为，俨然以清政府的全权代表自居。

1885年3月下旬，清军取得镇南关大捷，攻克凉山，开始掌握了战场的主动权。而法国因为战败，茹费里内阁倒台。可就在这种有利的形势下，金登干却得到清廷的认可，于4月4

日与法方在巴黎签订了《中法停战协定》。停战协定签订后，清廷立即下令将军队撤退回国。

按照停战协定的规定，中法双方要议定正式和约。1885 年 4 月 20 日，清廷任命李鸿章为全权大臣，同法国全权代表、驻华公使巴德诺在天津会谈。实际上，李鸿章虽予全权，不过奉文画诺。

1885 年 6 月 9 日，李鸿章和巴德诺在天津正式签订《中法会议越南条约》（又称《中法新约》《李巴条约》）。条约使法国取得对越南的保护权，中越边界向法国开放通商，日后中国修筑铁路，应向法国人商办。

19 世纪 80 年代的这场中法交涉可以视为晚清外交的缩影之一，其离奇、荒诞之处，真是匪夷所思。中法之间因为越南保护权和中越边界通商问题，先谈后打，边打边谈，打了再谈，其间，法国政府经过两次更迭，清朝的军机处也大换血，参加谈判的人员更是换来换去，最后竟靠两个英国人搞定。若从 1882 年的李、宝（海）协议算起，中间经过了李、脱（利古）谈判，李、福（禄诺）协议，最后才于 1885 年签订李、巴（德诺）条约。李鸿章是这场谈判的最先参与者和最后终结者，他在前期是交涉的主角，最后竟落个奉文画诺的下场。李鸿章在中法交涉中的失败，主要不是他谈判技巧和能力的不足，而是由中法战争的形势和中法两国政府的态度决定的。从法国一方来说，由于没有达到目的，当然不愿意签约束缚自己，签约了也可以撕毁；就清政府而言，为了维护传统的宗藩体制和坚守不许边境通商的原则，在军事失败之前，也不甘心任人宰割。但总的来看，清王朝对外政策的摇摆不定，面对军事侵略的战和不定，面对国内舆论的进退不定，才是导致李鸿章外交失败和最后签订屈辱条约的根本原因。

第7章

以北洋一隅，搏倭人全国

1894 年的甲午中日战争不仅是中国近代史的转折点，也是李鸿章一生事业的转折点。这场战争使李鸿章的事业陷入低谷，他几乎一个人承担起这场战争失败的全部责任。一时间，朝廷责罚，舆论痛骂，他成为朝野上下发泄战败怨恨的出气筒。

推原祸始，不得不谓外交遗恨

1894 年的中日战争，是由朝鲜问题而引发的。中国与朝鲜毗邻，自古以来关系密切。近代以前，中国与朝鲜维持着传统的宗藩关系，中国对朝鲜有保护的义务。但近代以来，朝鲜也成为东西方列强觊觎的对象，日本与朝鲜一水之隔，更是侵朝的急先锋。这样，中日之间因朝鲜问题引发的冲突就在所难免，并且愈演愈烈，终于演变成一场大战。

如前所述，1871 年中日签订了《中日修好条规》和《通商章程》。在当时的中日谈判中，李鸿章对日本侵朝的野心已有所察觉，所以《中日修好条规》第一条就规定："嗣后大清国、大日本国倍敦和谊，与天壤无穷。既两国所属邦土，亦各以礼相待，不可稍有侵越，俾获永久安全。"这里所说的"所属邦土"，即指中国藩属国，主要是朝鲜。

1875年9月，日本军舰擅自闯入朝鲜江华岛，攻毁炮台，派兵登陆，制造了江华岛事件。事件发生后，日本一面胁迫朝鲜签订通商条约，一面派森有礼使华，与中国讨论朝鲜问题。

1876年1月，森有礼到北京与总理衙门大臣奕䜣等会谈。当时双方争论的焦点是中朝的宗藩关系。森有礼断言清朝与朝鲜之间的宗藩关系只是一种空名，所以日朝之间的关系与《中日修好条规》无关。而奕䜣则表示，朝鲜虽与中国所属之土有异，但与修好条约中"两国所属邦土不可侵越"之言一致，希望日本遵守《中日修好条规》。1月24日，李鸿章在保定会见森有礼，两人展开一场激烈的口舌之争。森有礼曾在英国留学，又出使美国三年，见多识广，出言骄横，他对李鸿章说："国家举事，只看谁强，不必尽依着条约。"同时强辩朝鲜不是中国的属国。李鸿章则针锋相对地指出，"恃强违约，万国公法所不许"，强调朝鲜"奉正朔"，怎能说不是中国属国？并书写八个字送给森有礼："徒伤和气，毫无利益。"森有礼再三请求李鸿章转商总理衙门，设法劝说朝鲜接待日本使臣。事后，李鸿章向总理衙门详细报告了争论情况，同时建议奏请礼部要朝鲜接待日本使臣，以便息事宁人。

1876年2月，日本迫使朝鲜签订了《江华条约》，其中载明："朝鲜国为自主之邦，保有与日本平等之权。"这实际上是为了割断中朝间的宗藩关系，为将来侵朝扫清道路。日本还通过这个条约，在朝鲜获得了开埠通商、在通商口岸租地建屋、自由测量海岸、派驻领事、领事裁判权等特权，对朝鲜的侵略进一步加深。

面对日本对朝鲜的侵略，作为朝鲜的宗主国，清政府的应对却显得力不从心，无所适从。1879年6月，在家养病的前福建巡抚丁日昌向朝廷上奏，认为日本有并吞朝鲜之心，但西方列强侵略各国主要是为了通商等利益，无灭绝人国之例，因此建议朝鲜主动与各国建立外交关系，若将来日本要侵略朝鲜，与朝鲜签约之国皆起来议论和阻止，日本不至于无所忌惮。总理衙门同意丁日昌的建议，主张劝导朝鲜与英、美等国立约通商，借以牵制日本。李鸿章也赞成这一主张，认为丁日昌所言"为朝鲜计，实为中国计"，他还奉总理衙门的指示，与朝鲜国王李熙的叔父李裕元通信，劝说朝鲜主动与西方各国建立外交关系，这样"不但牵制日本，并可杜俄人之窥伺"。李鸿章在朝鲜问题上的"牵制政策"，实际上还是要"以夷制夷"，幻想用英、美来制止日本和俄国对朝鲜的侵略。

但清朝内部还有另外一种声音。驻日公使何如璋从维护宗藩关系出发，主张中国应派人前往朝鲜代为主持，或由清廷令朝鲜与他国订约，并于条约内声明奉中国政府命愿与某国结约。李鸿章认为这样做势必会引起朝鲜的疑虑和欧美列强的反对，不如对朝鲜"密为维持保护"更为合适。张謇曾随吴长庆入朝，协助处理前敌军事，1882年，他在《朝鲜善后六策》中，建议对朝鲜仿照汉代设玄菟、乐浪郡之例，废为郡县，置监国，派重兵，守海口，改革其内政，或令其自改，而为其练新军，联东三省为一气。李鸿章也不赞成这种公开干涉朝鲜内政的做法。1884年，在朝鲜帮助训练军队的袁世凯也向李鸿章建议：莫如趁朝鲜民心尚知感服中国朝廷之际，即特派大员，设立监国，统率重兵，内治外交均为代理。李鸿章也不以为然。

1886年，中国驻俄公使刘瑞芬向李鸿章建议，中国对待朝鲜，有三策：如能收其全国改为行省，最为上策；其次则邀同英、美、俄诸国，共同保护，不准他人侵占寸土，则朝鲜已可幸存。不然恐衅生仓猝，为他人所攘夺，后患更不可言。李鸿章反对将朝鲜改为中国行省的上策，选择的是联络英、法保护朝鲜的中策。当他将此意转达总理衙门希望得到支持时，总理衙门却认为朝鲜为我藩属，求邻国保护，不合体例，加以拒绝。这样，朝鲜问题只能沿着最坏的可能向下滑，并把中国也拖进了深渊。

正当清政府对朝鲜局势一筹莫展之际，日本却加快了侵朝步伐。1884年12月，日本在朝鲜策动以金玉均为首的开化党发动政变，劫持国王，组成亲日政府，史称"甲申政变"。政变发生后，吴兆有、袁世凯率领驻扎在朝鲜的清军迅速出动，攻入王宫，击败日军和开化党，救回被劫持的国王。日本驻朝公使竹添自焚使馆，逃回国内，金玉均也亡命日本。

1885年3月，日本派伊藤博文为全权大使来中国谈判。清廷命李鸿章为全权大臣，在天津与伊藤交涉。谈判的中心议题是惩办在朝的清军武弁和中日撤军问题。在4月10日的第四次会谈中，李鸿章对伊藤说："我有一大议论，预为言明。我知贵国现无侵占朝鲜之意，嗣后若日本有此事，中国必派兵争战；若中国有侵占朝鲜之事，日本亦可派兵争战；若他国有侵占朝鲜之事，中、日两国皆当派兵救护。"这实际上承认了日本与中国对朝鲜享有同等的保护权，伊藤连忙表示："中堂之言，光明正大，极有远见，与我意见相同，当谨记勿忘。"

1885 年 4 月 18 日，李鸿章与伊藤博文在天津签订了《天津条约》，其主要内容是：四个月内，中日军队均自朝鲜撤回；中日两国均勿派员在朝鲜练兵；朝鲜若发生重大变乱事件，彼此出兵应先行文知照，事定即撤回。通过这个条约，日本获得了与中国同样的向朝鲜派兵权，而且中国派兵还须事先告知日本，此后的甲午中日战争就由此而起。

1894 年 4 月，朝鲜爆发了东学党起义。朝鲜政府一面派兵镇压，一面向清政府求援。而日本则认为这是侵略朝鲜的大好时机，5 月 31 日，日本参谋本部宣示能获得中国总理衙门及北洋大臣的情报，中国全无准备，作战时机已到。日皇决定采取迫诱中国应战步骤。6 月 2 日，日本内阁决议出兵朝鲜。

为了寻找借口，日本政府怂恿清政府出兵镇压，并表示"我政府必无他意"。李鸿章一开始尚有犹豫，后来听信了袁世凯所谓的日本"请中国平叛，似重在商民，别无他意"的错误判断，决定派兵入朝。6 月 4 日，李鸿章令丁汝昌派"济远""扬威"两艘军舰赴仁川、汉城护商，调直隶提督叶志超率太原镇总兵聂士成选淮军一千五百名分乘招商轮船赴朝。6 月 5 日，清朝驻日公使汪凤藻将出兵朝鲜之事照会日本外务省。6 月 7 日，日本外务省回复汪凤藻，否认朝鲜为中国属邦，并声称派兵赴朝护商。到 6 月 13 日止，在仁川登陆的日军已达八千人，远远超过清军。

日军大举入朝，引起清政府震动。总理衙门和李鸿章分别照会日本驻华公使和驻津领事，强调中国按照旧例保护属邦，日本不必派重兵入朝，但遭到日方拒绝。在阻止日军入朝失败后，清政府又建议中日两国军队同时撤出朝鲜，又遭日本拒绝。

眼看中日之战即将发生，李鸿章一面在清廷的严厉切责下，积极备战，不断往朝鲜增兵；一面寄希望于列强调停，以便"以夷制夷"，利用其他列强逼日本撤军。他认为日本最怕俄国，故首先请俄国驻华公使喀西尼出面调停，并深信俄国能"压服"日本。但7月9日，喀西尼派人告诉李鸿章，俄国只能以友谊力劝日本撤兵，未便用武力强制，至于朝鲜内政应革与否，俄国不便与闻。李鸿章听罢大失所望。与此同时，李鸿章还企图利用英国同日、俄的矛盾，争取英国的支持，也被英国拒绝。7月14日，日本驻华公使小村寿太郎照会总理衙门，拒绝撤兵，两国如起不测之变，日本不负其责。中日之战一触即发。

检讨甲午战前李鸿章在朝鲜问题上的态度和举措，确有诸多失策之处：其一，李鸿章及清政府在如何对待朝鲜这样的藩属国问题上重犯了中法战争期间在越南问题上的错误，既想维持传统的宗藩关系，又无力保护藩属国，结果连自己也卷了进去，不但丢掉藩属国，也极大地损害了自身的利益。其二，1885年的中日《天津条约》，将中朝间的宗藩关系全部割断，日本与中国享有同等的保护朝鲜之权，这是导致后来战争发生的最关键之点。而李鸿章竟为此沾沾自喜，对清廷汇报说，若将来日本用兵，我得随时为备，即西国侵夺朝鲜土地，我亦可会商派兵，互相援助。两个敌对的国家约定共同保护第三国，他们之间不发生战争才怪呢！其三，战争已迫在眉睫，李鸿章仍是"和"字当头，不全力备战，而是立足于列强调停，"以夷制夷"的结果只能是麻痹了自己，终为夷所制。难怪梁启超在评价中日战争起因时一再强调："中日之战，起于朝鲜，推原祸始，不得不谓李鸿章外交遗恨也。"至于清朝内部有些人建议派人主持朝鲜内政，或派"监国"，改革其内政，或将朝鲜变成中国的一个行省等等，都是虚骄自大之言，先不说清廷有没有这样的实力，如果真这样做，不正给觊觎朝鲜已久的东西方列强出兵"保护"朝鲜提供借口吗？自顾不暇，何谈"保护"别人？自身已腐朽不堪，何以能代人主政？

整军经武二十年，何以不能一战

1894年7月25日，日本军舰在朝鲜丰岛袭击中国海军，击沉运兵商船"高升"号，击伤"济远""广乙"两舰，俘获"操江"号炮艇。7月28日，日军进攻牙山成欢。8月1日，清廷对日宣战，中日战争全面爆发。

由于是被迫应战，准备不足，因此，战争初期，清政府并没有制定出正确的战略战术。尽管李鸿章在光绪帝的一再严厉催促下，不断向朝鲜派兵，但他采取的仍是消极防御的战略方针。在陆路，光绪帝一再命令李鸿章迅速电催，一旦诸军齐到，即可合力驱逐倭寇，以解汉城之围，而李鸿章担心日本利用海军优势，截断清朝援军的后路，却一再电令已到平壤的卫汝贵"先定守局，再图进取，稳扎稳打，庶进退裕如"。8月16日，光绪帝指示李鸿章电饬各统将，筹商妥协，迅速进兵，第二天李鸿章仍奏称："目前只能坚扎平壤，扼据形胜，俟各营到齐，后路布妥，始可相机进取。"不管光绪帝如何催促要迅速进兵，李鸿章总是以兵力不齐为由，株守以待，白白丧失先机，坐等日军来攻。

在海上，李鸿章更坚持"以保船制敌为要"。他在8月29日的奏折中透露了北洋海军的家底和不能出海作战的缘由：北洋海军可用者，只有"镇远""定远"铁甲船二艘，然这两舰质重行缓，吃水过深，不能入海汊内港。其次是"济远""经远""来远"三船，有水线甲、穿甲，而行驶不速。"致远""靖远"二船，以前定造时，号称每小时十八海里，近来因行用日久，仅十五六海里。此外各船，愈旧愈缓。海上交战，能否趋避，应以船行之迟速为准。速率快者，胜则易于追逐，败亦便于引避；若迟速悬殊，则利钝立判。而日本新旧快船，可用者共二十一艘，其中有九艘是光绪十五年后分年购造，最快者每小时行二十三海里，次者也在二十海里上下。由于近年来停购船械，自光绪十四年后，我军未增一船。而倭人心计谲深，乘我力难添购之际，逐年增置。在列举以上原因之后，李鸿章认为，倘与日本驰逐大洋，胜负实未可知。万一挫失，即赶紧设法添购，亦不济急。唯不必定与拼击，但令游弋渤海内外，作猛虎在山之势，倭尚畏我铁舰，不敢轻与争锋。他还承认，今日海军力量，以之攻人则不足，以之自守尚有余，用兵之道，贵于知己知彼，舍短用长，因此他才小心谨慎地以保船制敌为要，不敢轻于一掷。李鸿章的这份奏折，实际上定下了海战的基本方针，那就是以"保船制敌为要"，军舰只在渤海内外游弋，企图用"定远""镇远"两艘巨型铁甲舰吓退日本海军。

消极防御的结果只能是惨败。9 月 15 日，集结完毕、准备充分的日军分四路进攻平壤，清军总兵左宝贵阵亡，统率叶志超弃城而逃，狂奔三百里，渡过鸭绿江，退入奉天九连城、凤凰城一带。一路上又遭日军伏击，自相践踏，死伤惨重，平壤城内的军械粮饷全部落入日军之手。此战使李鸿章二十余年所练洋枪劲旅全垮，淮军威名尽失。梁启超在分析此战惨败的原因时指出：一由将帅阘冗非人，其甚者如卫汝贵克扣军饷，临阵先逃，如叶志超饰败为胜，欺君邀赏，以此等将才临前敌，安得不败？一由统帅六人，官职权限皆相等，无所统摄，故军势散涣，呼应不灵。可谓切中要害。仅从军事而言，平壤惨败的主要原因有三：一是坐以待攻，失先机；二是统帅六人，缺主帅；三是未战先逃，无斗志。守平壤者皆淮军主力，其调度协调皆李鸿章操纵，因此，李鸿章作为淮军主帅，对此战的失败负有重要责任。

海战则败得更惨。9月17日，中日海军展开黄海大战。经过五个多小时的激战，日舰"松岛""吉野""比睿""西京丸"等受重伤，而北洋水师的"致远""经远""超勇""扬威""广甲"五舰被击沉，余舰也多负伤。此后，北洋水师只在旅顺和威海两军港之间游弋，海军提督丁汝昌将李鸿章的"保船制敌"方针演变为"避战保船"，无论李鸿章如何催促，就是不离军港。11月27日，李鸿章电令丁汝昌等固守威海卫炮台，多储粮药，多埋地雷，多掘地沟，并希望丁汝昌拼死为淮军争一口气：半载以来，淮将守台守营者，毫无布置，遇敌即败，败即逃走，实天下后世大耻辱事！汝等稍有天良，须争一口气，舍一条命，于死中求生，荣莫大焉！但坐困威海军港的北洋水师连拼命的机会都没有了。1895年1月20日，日军从山东荣成登陆，向西分南北两路进攻威海卫。1月23日，李鸿章命丁汝昌，水师若不能支持，不如出海拼战，即战不胜，或能留铁舰等退往烟台。1月30日，威海卫南帮炮台失陷，31日，北炮台守军逃散。日军从陆海两方面夹击港内军舰，北洋水师多艘军舰被击沉或击伤，2月12日，丁汝昌自杀，北洋水师全军覆没。

中国在甲午战争中的失败，原因是多方面的，仅就李鸿章本人而言，他作为清朝外交的主持者、淮军和北洋水师的统帅，自然负有不可推卸的责任。梁启超在《李鸿章传》一书中分析了李鸿章的十二条大错：第一，误劝朝鲜与外国立约，昧于公法。第二，即许立约，默认其自主，而复出兵干涉其内乱，授人口实。第三，日本既调兵，而不察先机，辄欲依赖他国调停，致误时日。第四，聂士成请乘日军未集之时，先发制敌而不能用。第五，高丽事未起之前，丁汝昌请以北洋海军先麾敌舰，而不能用，遂令反客为主，敌坐大而我愈危。第六，自量我兵力不足以敌日本，故惮于发难。可身任北洋整军经武二十年，何以不能一战？第七，叶志超、卫汝贵诸军，素以久练著名，竟是如此脆弱，而且军纪无存，克减口粮盗掠民妇之事，时有所闻。第八，枪或苦窳，弹或赝物，弹不对枪，药不随械，还说从前管军械局之人皆廉明，谁能信之？第九，平壤之战，军无统帅，犯兵家之大忌。第十，始终坐待敌攻，畏敌如虎。第十一，海军不知用快船快炮。第十二，旅顺天险，委之于所亲昵阘冗恇怯之人，闻风先遁。梁启超的这些分析，除个别地方史事有可议之处外，基本上囊括了李鸿章本人在战争中的失误。

就当时的舆论而言，对李鸿章的指责更多地集中在他知人不明，用人不当。如叶志超在7月28日成欢之战中，虚报军情，本是败退，却说杀死日军数千人，李鸿章不察，据报转请嘉勉。叶志超退回平壤，李鸿章竟让他统领平壤各军，各将自然不服，有帅等于无帅。在平壤之战中，又是他不战而逃，致使平壤失守，后被清廷定为斩监候，差一点被杀。再如卫汝贵，李鸿章评价他"朴诚忠勇，缓急可恃"，可就是他统领的淮军军纪最坏。平壤之战后，他成为众矢之的。李鸿章曾告诫他整饬军令，遇敌血战，或可稍赎重罪，否则可危之至，可他最后还是被清廷处斩。更为可笑的是，卫汝贵在战前收到家书，其妻劝告他：君起家戎行，致位统帅，家既饶于财，宜自颐养。且春秋高，望善自为计，勿当前敌。卫汝贵谨遵妻言，更加避敌。败逃后，日本人获此书信，后引入教科书以戒国人。中国人的耻辱竟成了日本人的反面教材，真是可悲亦可叹！海军提督丁汝昌在战前就受到多方指责，而李鸿章始终为其辩护。8 月 27 日，清廷降旨，以丁汝昌畏葸无能，巧滑避敌，难胜统带之任为由，命李鸿章遴选胜任之人。李鸿章在 29 日的复奏中极力为丁汝昌辩解，说丁汝昌从前剿办粤捻，曾经大敌，叠著战功；留直隶后即令统带水师，屡至西洋，借资阅历；创办海军，特蒙简授提督，情形熟悉，目前海军将才尚无出其右者。黄海海战后，丁汝昌抱定"避战保船"的宗旨，将北洋水师困卧在军港不出，甚至置李鸿章的催促和光绪帝的命令于不顾，坐等日军来攻，最终导致全军覆没，自杀以蔽辜。李鸿章以淮军起家，重用、偏袒淮军旧部，其结果不但误国，自身也深受其累，一生功名，都被自己部下的拙劣表现糟蹋殆尽。

其实，李鸿章并非不知道部下无能，只是实在无人才不得不重用旧将。战争爆发之初，他曾极力劝说淮军名将、前台湾巡抚刘铭传出山，统领军务。可刘铭传重病在身，无法出征。8 月 13 日，他在给刘铭传的信中写道：回忆甲申法越之争，宿将起自田间，南北相望。俯仰十年，顿有文武欲尽之感，可为叹息！10 月 4 日，清廷以军事日棘，统帅乏人为由，再次令李鸿章传谕刘铭传即行起程来京陛见，李鸿章派专人传达此旨，并告知平壤溃败，日军有分道内犯之势，中外望公如岁，谊应投袂速起，共拯危难。可刘铭传实在是走不动了，他在复电中称自己两耳聋闭，左目早废，右目一线之光，左肢麻木难行，请代奏赏假调养。李鸿章及清廷在走投无路之际，竟一再求统帅于刘铭传这样一个垂死之人，真令人感慨万千，以如此缺将乏帅之师怎能抵挡住精兵强将的日军？中国的失败也就在所难免。

由于战败，李鸿章受到惩罚：拔去三眼花翎，褫去黄马褂。

但有允不允两句话而已

甲午战争进行到1895年1月，中国败局已定，日本也精疲力竭，双方都有和谈的愿望。于是在美国驻华公使田贝的斡旋下，中日双方开始了外交接触。在第一次遣使被拒后，李鸿章不得不临危受命，去完成这一屈辱的使命。

1895年1月5日，清廷命户部左侍郎张荫桓、署湖南巡抚邵友濂为议和全权代表，赴日议和，并指示，所有应议各节，凡日本所请，均著随时电奏，候旨遵行。其与国体有碍，及中国力有未逮之事，不得擅行允许。可见，清廷对两人的全权加上了根本性的限制。张、邵两人到日后，日方竟以"全权不足"为由，拒绝谈判。伊藤博文还明确告诉中国代表伍廷芳，贵国何不添派恭亲王、李中堂，郑重其事？点名要奕䜣或李鸿章出面谈判。奕䜣是皇亲国戚，又被排挤出政坛多年，自然不愿干这种屈辱之事，剩下李鸿章就"在劫难逃"了。

1895年2月13日，清廷任命李鸿章为全权大臣，其上谕云：李鸿章勋绩久著，熟悉中外交涉，为外洋各国所共倾服。

今日本来文，隐有所指，朝廷深维至计，此时全权之任，亦更无出该大臣之右者。李鸿章著赏还翎顶，开复革留处分，并赏还黄马褂，作为头等全权大臣，与日本商定和约。中日双方都认为李鸿章是最佳人选，清廷还撤销了因战败对他的各种处分，李鸿章再也没有推辞的理由，只得赴命。

2月22日，李鸿章入京，与军机大臣一道，受皇帝召见。此时割地之议，已到处传开。李鸿章奏言："割地之说，不敢担承，假如占地索银，亦殊难措，户部恐无此款。"翁同龢奏言："但得办到不割地，则多偿当努力。"孙毓汶、徐用仪则奏言："不应割地，便不能开办。"皇上又问海防，李鸿章对曰："实无把握，不敢粉饰。"退朝以后，李鸿章与军机大臣又在传心殿议事。李鸿章拉翁同龢同往议和，翁连忙表示："若余曾办过洋务，此行正不辞。今以生手办重事，胡可哉？"孙毓汶、徐用仪坚持不割地恐难成局的见解。翁同龢仍坚持赔款胜于割地。3月2日，清廷给予李鸿章"商让土地之权"。

3月14日，李鸿章一行三十余人乘德国商船赴日，19日抵达马关。日本方面的全权代表是内阁总理大臣伊藤博文、外务大臣陆奥宗光。3月20日，中日谈判代表在马关春帆楼举行第一次会谈。一番寒暄之后，伊藤博文说："中堂阅历已久，更事甚多，所议之事甚望有成。将来彼此订立永好条约，必能有裨两国。"李鸿章说："亚细亚洲，我中东两国最为邻近，且系同文，讵可寻仇？今暂时相争，总以永好为事。如寻仇不已，则有害于华者，未必于东有益也。"伊藤表示："中堂之论，甚惬我心。"李鸿章还赞美日本兵将，悉照西法，训练甚精，各项政治，日新月盛。中日代表首次会谈多属礼节性的问候和恭维，没有涉及实质性的内容。

3月21日，中日双方进行第二次谈判，主要讨论停战问题。事先李鸿章已向日方提交了《停战节略》拟稿，日方在复文中提出，停战的条件是日军要占领大沽、天津、山海关三处地方。李鸿章看罢大吃一惊，双方为此展开辩论。李鸿章说："现在日军并未至大沽、天津、山海关等处，何以所拟停战条款内竟欲占领？"伊藤博文说："凡议停战，两国应均沾利益。华军以停战为有益，故我军应据此三处为质。"李鸿章说："中日系兄弟之邦，所开停战条款，未免陵逼太甚。我为直隶总督，三处皆系直隶所辖，如此于我脸面有关，试问伊藤大人，设身处地，将何以为情？"伊藤说："中堂来此，两国尚未息兵，中堂为贵国计，故议停战，我为本国计，停战只有如此办法。"由于日方停战条件太苛刻，谈判没有结果。

3月24日，中日代表举行第三次谈判。李鸿章提出将停战之议搁起，并索要议和条款。伊藤博文答复明日交阅。伊藤说："此次争战之始，议和甚易。"李鸿章说："当时我亦愿息争，乃事多拂逆，时会使然。"伊藤又说："初战之始，我两国譬如两人走路，相距数里，今则相距数百迈，回首难矣。"李鸿章说："终须回头。"伊藤说："相距数百迈，回走又须数百迈矣。"李鸿章说："少走几迈，不亦可乎？纵令再走数千里，岂能将我国人民灭尽乎？"伊藤说："我国万无此心。"

第三次谈判结束后，李鸿章在返回行馆途中遭到日本刺客枪击，子弹击破左眼镜片，进入左眼下方，流血甚多，刚入行馆，就晕厥过去。日方医生急忙赶来医治，伊藤博文和陆奥宗光也赶来慰问，表示歉意。医生检查发现，子弹嵌入颊骨，如取出，必剧疼，难保无虞。考虑到李鸿章年老，决定留弹合口，静养可愈。后审讯得知，刺客名叫小山丰太郎，无业游民，刺杀李鸿章只是极端的个人行为，最后以谋杀未遂罪判处无期徒刑。

李鸿章在日本遇刺的消息传出后，日本国内立即呈现一种紧张气氛，世界舆论也为之哗然，发出谴责之声。陆奥宗光认为如不乘机采取善后措施，即有发生不测之危机。内外形势，已至不许继续交战的时机。若李鸿章以负伤为借口，中途归国，对日本国民的行为痛加非难，巧诱欧美各国，不难博得欧洲二三强国的同情。因此，他建议，此时由我无条件允许他所一再恳请之休战，较为得计。陆奥宗光的意见得到日本各方一致的赞同。3 月 30 日，中日签订停战条约六款，日方放弃原先提出的苛刻的停战条件。

4 月 1 日，日方将和约底稿送达中国行馆，限四日内答复。其内容主要是：承认朝鲜完全独立；割辽东半岛、台湾全岛及所属诸岛屿、澎湖列岛给日本；赔偿日本军费库平银三万万两，以及通商权利等等。李鸿章不顾眼疾，仔细查阅，一一回复了意见。关于"让地"问题，李鸿章此时尚未表明认可，反而建议两国应立一永远和好彼此援助之约，以保东方大局。关于"兵费"，李鸿章认为过多，中国财力有限，无法负担，请求日方酌减。日方对李鸿章的答复很不满意，认为不过是缕述大清帝国之国内情形，不是回复日本政府所具条约之意，也没有说明如何商酌。

李鸿章被刺后，清廷恐怕和议因而停顿，加任李经方为全权大臣。日方承认后，又准备在李经方身上做文章。4 月 8 日，伊藤博文邀请李经方到他的行馆谈话，竟以再次动武相威胁。伊藤对李经方说："希望中国使臣能深切考虑现在两国之间的形势，即日本为战胜者、中国为战败者之事实。前者由于中国请和，日本应允，始有今日之议和，若不幸此次谈判破裂，则我一声令下，将有六七十艘运输船只搭载增派之大军，舳舻相接，陆续开往战地，如此，北京的安危亦有不忍言者。如再进一步言之，谈判一旦破裂，中国全权大臣离开此地，能否再安然出入北京城门，恐亦不能保证。"李经方经此恫吓，连忙表示，回去与父亲商议，再行提出答复。李鸿章听到李经方的汇报后，知道难以拖延，决定另办节略，许割辽南四厅州县及澎湖列岛，赔款一万万两。

4月10日，伤势初愈的李鸿章与伊藤博文进行了第四次谈判。伊藤先问了李鸿章的伤情，然后提出一个改定条款节略，赔款减为二万万，割地也稍有让步。谈判集中于赔款割地两端。伊藤口气强硬地对李鸿章说："中国为难光景，我原深知，故我所备节略，将前次所求于中国者力为减少。所减有限，我亦有为难之处。中堂见我此次节略，但有允不允两句话而已。"李鸿章说："难道不准分辩？"伊藤说："只管辩论，但不能减少。"李鸿章说："既知我国为难情形，则所求者，必量我力之所可云。"伊藤说："时限既促，故将我所能做到者直言无隐，以免多方辩论。"面对伊藤的紧逼，李鸿章还是尽力争辩，认为赔款二万万，为数甚巨，必请再减；营口还请退出；台湾不必提及。伊藤则说："如此，我两人意见不合，所减只能如此。照办固好，不能照办，即算驳还。"李鸿章说："不许我驳否？"伊藤说："驳只管驳，但我主意不能稍改。"伊藤要李鸿章三日后答复，李鸿章说三日断来不及，须请旨后再议。

4月11日，伊藤致函李鸿章，声明昨日会议递交的改正和约条款为尽头条款，中国对之，只有"诺否"二字，请于四日内答复。李鸿章于12日复函，仍请对割地赔款二节酌为减轻，并要求再会商一次。13日伊藤复函再次强调："此次日本国家索款实为尽头一著，所宜回复者，惟有'云否'两字耳。"与此同时，李鸿章致电总理衙门，请旨应付。4月12日，总理衙门致电李鸿章："伊藤连日词气极迫，倘事至无可再商，应由该大臣一面电闻，一面即与订约。"在李鸿章的一再催促下，4月14日，总理衙门致电李鸿章：原冀争得一分有一分之益，如竟无可商改，即遵前旨与之定约。

4月15日，中日全权代表第五次，也是最后一次，在春帆楼谈判。尽管李鸿章已奉到最后谕旨，但他还是争取再挽回一点损失。他对伊藤说："日前临别时，请让五千万，当时贵大臣有欲让之意，如能让此，全约可定。"伊藤说："如能少让，不必再提，业已让矣。"李鸿章说："五千万不能让，二千万可乎？"伊藤仍不答应。李鸿章又说："无论如何，总请再让数千万，不必如此口紧。"伊藤说："屡次说明，万万不能再让。"李鸿章说："又要赔钱，又要割地，双管齐下，出手太狠，使我太过不去。"伊藤说："此战后之约，非如平常交涉。"李鸿章说："赔款既不肯减，地可稍减乎？到底不能一毛不拔。"伊藤说："两件皆不能稍减，屡次言明，此系尽头地步，不能少改。"此次谈判，从午后延续到晚七点，李鸿章一再哀求减少赔款或割地，而伊藤博文始终不肯稍让。

1895年4月17日，中日两国全权代表签订《马关条约》。其主要内容是：中国承认朝鲜完全独立；中国割让辽东半岛、台湾全岛及所属各岛屿、澎湖列岛给日本；赔款日本库平银二万万两；向日本开放荆州、重庆、苏州、杭州；日本臣民可在中国通商口岸，从事各项工艺制造，免交各种杂税等等。后因俄、法、德三国干涉，日本放弃了辽东半岛，但向中国索取三千万"赎辽费"。《马关条约》是中国近代史上空前严重的丧权辱国条约。

李鸿章此次赴日议和与十年前的中日天津谈判大为不同，其割地赔款已是不可避免。在割地问题上，他抱定"敌所已据处，争回一分是一分，其所未据处，丝毫断不放松"。在赔款问题上，极力哀求减少，但结果仍被迫割让辽东半岛、台湾全岛及澎湖列岛，赔款也达两亿两之巨。这次中日谈判时间很紧，从李鸿章抵日，到最后签订条约，只用了一个月。日本先拿出一个漫天要价的和约底稿，待李鸿章答复后，第二次送来的就是略加改动的尽头条款，并一再声称李鸿章所能做的就是"允不允两句话而已"。而此时的李鸿章，按梁启超的话来说，舍卑词乞怜之外，更有何术？尽管李鸿章极力争辩，但日方却丝毫不再让步，非逼他签字不可。李鸿章此次赴日谈判，受尽屈辱，还差一点被刺杀，如此境况，令这位73岁的老人，情何以堪？他也因此发誓"终身不履日地"。1896年9月，他由美洲回国途经日本横滨时，日方已准备好行馆接待，但李鸿章拒不上岸，随从敦劝万端，终不听从，夜宿船中。第二天，新船开到，必乘小舟以登，当李得知小舟为日本船时，又不肯行。船主无可奈何，不得不在两船间架飞梁，李才得以换船回国。其倔强的举动足以表明他对此前在日本谈判期间受到的凌辱耿耿于怀。

一生事业，扫地无余

《马关条约》签订的第二天，李鸿章就离日返国。4月20日到天津后，便称病不敢入京。他在奏报签约情形时说："臣适当事机棘手之际，力争于骄悍不屈之廷，既不免毁伤残年之遗体，复不能稍戢强敌之贪心，中夜以思，愧悚交集。""愧悚交集"正反映出李鸿章此时的心情，既因割地赔款过多而疚心，又怕舆论不容而恐惧。

其实，早在平壤战败之际，朝野上下对李鸿章就是一片责骂之声。1894 年 10 月 5 日，翰林院侍读学士文廷式等三十五位翰林就联名参劾李鸿章昏庸骄蹇，丧心误国，请予罢斥。甲午年新科状元张謇参李鸿章以四朝元老，筹三省之海防，统胜精卒五十营，用财数千万之多，一旦有事，曾无一端立于可战之地，以善可和之局。稍有人理，能无痛心？指责李鸿章非特败战，并且败和。御史安维峻更是根据道听途说列出许多罪名，请求朝廷杀李鸿章以谢天下。

《马关条约》签订后，李鸿章更是集天下谤言于一身，朝野上下一片喊杀之声。候补道易顺鼎在《请严办李鸿章父子折》中列举很多传言，痛骂李鸿章父子卖国：李鸿章悍然不顾，冥然罔觉，行人人所不肯行之事，出人人所不忍出之言。恐宋臣之秦桧、明臣仇鸾之奸，尚未至此。而且，李鸿章虽奸，尚不及其子李经方之甚。李经方前充出任日本大臣，以己货数百万借给倭人，购船饷兵，所纳外妇即倭主睦仁之甥女。其奸诈险薄，诚不减蔡京之有蔡攸、严嵩之有严世蕃。更有人不顾事实，连李鸿章在日本遇刺受伤都表示怀疑。有一京官上奏说："今道路传言，云有见李鸿章者，谈笑自若，依然故态，面上并无一点伤痕。然则非真中枪也，恐人议与倭通，故假捏之耳。"李鸿章在日本受伤差一点毙命，伤未痊愈就勉力议和，而国内竟有人说他是为了掩盖与日本私通而诈伤，李鸿章真是百口莫辩，国人怨恨李鸿章可谓深矣。

李鸿章忍辱受屈赴日议和，不但为舆论所不容，就连朝廷对他也并不体谅。当清廷命李经方赴台交割时，李鸿章代儿子求情，说李经方自马关回津后，忧劳成疾，病势沉重回南就医，请旨收回成命，另行简派。朝廷不但不体谅李氏父子的苦衷，反而大加申斥，仍着李经方迅速前往，毋得畏难辞避，倘因迁延贻误，唯李经方是问，李鸿章亦不能辞其咎。李鸿章让儿子李经方随自己赴日议和，不但毁了自己的名声，也毁了儿子的前程。

　　甲午中日战争是李鸿章一生事业的转折点。他晚年在评价自己一生时也说："予少年科第，壮年戎马，中年封疆，晚年洋务，一路扶摇，遭遇不为不幸，自问亦未有何等陨越。乃无端发生中日交涉，至一生事业，扫地无余。如欧阳公所言：半生名节，被后生辈描画都尽。环境所迫，无可如何。"

　　但李鸿章是否要承担甲午之败的全部责任，这在当时及后世都有争议。梁启超可算得上是李鸿章的同代人，他在李鸿章死后不久写的《李鸿章传》一书中，既列举了李鸿章战前的三大失机和战争中的十二大过错，又指出不能徒归罪于李鸿章一人。他说："是役也，李鸿章之失机者固多，即不失机而亦必无可以幸胜之理。盖十九世纪下半世纪以来，各国之战争，其胜负皆可于未战前决之。何也？世运愈进于文明，则优胜劣败之公例愈确定。实力之所在，即胜利之所在，有丝毫不能假借者焉。无论政治学术商务，莫不皆然，而兵事其一端也。日本三十年来，刻意经营，上下一心，以成此节制敢死之劲旅，孤注一掷以向于我，岂无所自信而敢乃尔耶？"

　　这是梁启超事后对战败原因的分析。但在甲午战前，朝野舆论大多认为中国办洋务三十年，又练成了北洋水师，日本乃蕞尔小国，岂是中国的对手？因此，随着中日外交的破裂，主战的声浪越来越高。可李鸿章是洋务运动的领导者和实践者，对清朝的实力最为了解，他之所以直到最后一刻仍未放弃请列强调停，就是因为他清楚，一旦开起战来，战败的将是中国，而不是日本。

平壤战败后，面对多方指责，李鸿章极力为淮军辩护。在9月19日的奏折中竟说："以北洋一隅之力，搏倭人全国之师，自知不逮，若不熟思审处，据实陈明，及至贻误事机，百死讵足塞责？"一般认为这是李鸿章为了推卸战败责任，为自己寻找退路。就此折本身而言，李鸿章过分强调战败是由于众寡之不敌，器械之相悬，并非战阵之不力，难以令人信服。但就整个甲午中日战争而言，李鸿章所说的"以北洋一隅之力，搏倭人全国之师"，并非虚言。这里仅举当时令外人嗤笑的一例便足证明。当威海卫海军降敌之时，中方负责投降事务的道员牛炳昶在致日本海军司令伊东祐亨的信中竟说："广甲""广乙""广丙"三舰，向隶广东，冠以广字可为明证。查广东一省，本与战事不相干涉，今甲（"广甲"）、乙（"广乙"）遭水灾之劫，仅存一丙（"广丙"），北洋已无以对广东，望提督念广东为局外之义，并念该舰管带张副将日来有往返传语之劳，可否提出该舰即交该副将带回广东，俾得于总督前略存体面，不胜感激。伊东祐亨接到来函后，茫然莫测其意，既而传入日本各新报，都称是出人意料之事。牛炳昶本意也许是想保存一艘军舰，可他提出的理由正暴露出中国十八省各自为政，坐视淮军的惨败和北洋水师的覆灭于不顾。难怪梁启超发出"以一人而战一国，合肥合肥（李是合肥人，故以地名代称），虽败亦豪哉"的感慨。

平壤之败使淮军威名扫地，不复能战，于是清廷决定改用湘军。1894 年 12 月 28 日，清廷命刘坤一为钦差大臣，节制山海关内外各军。可刘坤一受命后，逗留京师，畏缩不前。翁同龢多次劝他出征，他仍坚持队伍不齐，军械不备，不能轻试。湘军随后应战，更是一败涂地。湖南巡抚吴大澂曾自请带兵助战，可他在战场上竟演出一幕劝降的滑稽剧。他在劝降告示中竟写道：两军交战之时，凡尔日本兵官，逃生无路，但见本大臣所设投诚免死牌，即缴出枪刀跪伏牌下，本大臣专派仁慈廉干之员，收尔入营，一日两餐，与中国民人一律看待，亦不派做苦工，事平之后，即遣轮船送尔归国。若竟迷而不悟，拼死拒敌，试选精兵利器，与本大臣接战三次，胜负不难立见。殆至该兵三战三北之时，本大臣自有七纵七擒之计。吴大澂可能是中国的兵书看得过多，竟想来个不战而屈人之兵，用一纸告示吓退日军，或像当年的诸葛亮那样来个七纵七擒，真是拿战争当儿戏！吴大澂是所谓的金石名家，黄遵宪后来写诗讽刺他："两军相接战甫交，纷纷鸟散空营逃。弃冠脱剑无人惜，只幸腰间印未失。"刘坤一、吴大澂之辈及其所统领的湘军与李鸿章的淮军比起来，真可谓五十步与一百步之间。正如梁启超所言：谓中国全国军旅皆腐败可也，徒归罪于李鸿章之淮军不可也。

总之，李鸿章对甲午战败负有不可推卸的责任，他为此所受的责难和攻击也的确是咎由自取，但将全部责任都推给他，将会放过腐朽已极的君主专制制度和这种制度造就的官僚群体。甲午战后，维新派在民族危亡之际，充分认识到君主专制制度是中国走向富强的最大障碍，由此开始了以改变政治制度为核心的变法运动，可惜没有成功。李鸿章因甲午之战而身败名裂，可接下来覆灭的则是无药可救的大清王朝。

第8章

非不尽瘁，庸有济乎

老来失计亲豺虎

1895 年《马关条约》签订后，李鸿章声名受到重创，事业跌入低谷。8 月 28 日，朝廷命他入阁办事，不再任直隶总督兼北洋大臣，处于"投闲置散"的状态。

此时的李鸿章开始检讨自己前半生的事业，逐渐认识到洋务运动的局限。有一次，他对自己的幕僚吴永说："我办了一辈子的事，练兵也，海军也，都是纸糊的老虎，何尝能实在放手办理？不过勉强涂饰，虚有其表，不揭破犹可敷衍一时。如一间破屋，由裱糊匠东补西贴，居然成一净室，虽明知为纸片糊裱，然究竟决不定里面是何等材料，即有小小风雨，打成几个窟窿，随时补葺，亦可支吾对付。乃必欲爽手扯破，又未预备何种修葺材料，何种改造方式，自然真相破露，不可收拾，但裱糊匠又何术能负其责？"读了这段话，我们才真正明白，李鸿章何以在甲午战前以"保船制敌为要"，令北洋水师只在渤海内外游弋，"作猛虎在山之势"，这实际上是实力不济而又不得不战的自保下策。

同时，李鸿章对那些"遇事弹纠，放言高论"的言官，深恶痛绝。他认为言官制度最足坏事，明朝之亡，即亡于言官。言官皆少年新进，毫不更事，也不考究事实得失、国家利害，但随便寻个题目，信口开河，畅发一篇议论，借此以显露头角，而国家大事已为之阻挠不少。在如今艰难盘错之际，动辄得咎，当事者本不敢轻言建树，但责任所在，又不能安坐待毙，苦心孤诣，开始寻找一条线路，稍有几分希望，费尽周折，刚想开始办事，而言官得以乘机群起而攻之，往往半途遇挫，甚至一事也办不成。其结果，大臣皆安于现状，苟求无事，国家前途，哪还会有进步的希望？从前有许多言官，遇事弹纠，放言高论，盛名鼎鼎。后来外放肩负起实在责任，从前芒角，立即收敛，一言不敢妄发，等到升任封疆大吏，则痛恨言官，更甚于别人。

李鸿章对言官的抨击，虽出于他自己的切肤之痛，但也确实指出了言官制度的某些弊端。美国学者朱昌峻曾对言官的大本营清流派提出过批评。他认为，正如许多研究所表明，清流派提出的理由，在很大程度上是以建立在经书基础上的僵化的思想意识作为参照框架。他们对外夷强大的现实无知得可怜，他们选择的行动方针很少切实可行。由于他们设想中国可以在多种选择中作出抉择，而为了国家尊严和完整，中国必须采取坚定的立场，即使可能带来灾难性的后果也在所不惜，他们不仅盲目无知，而且是不负责任了。针对清流派指责李鸿章是一个因缺乏爱国心而不断向中国的外部敌人出卖国家利益的人，朱昌峻认为这是全然错误的。李鸿章毕生对外国的意图始终怀疑，他同外国人的所有交往中，都坚持维护中国的利益。他尽管雇聘许多外国人，却确信他们是受他控制的。他在其卷帙浩繁的撰述中，一直不断公开表示，他一生热情追求的目标是建设中国，使它能够成功地抵御外国的侵略。李鸿章如果地下有知，看到这段评论，会不会有异代异国知己之慨呢？

"投闲置散"的李鸿章并没有灰心，更不愿就此离朝辞官，告老还乡。而他的政敌却急不可待地要把他扳倒，以便占据他腾出的位置。有一天，袁世凯登门拜访李鸿章，稍作问候之后，就直接劝李鸿章隐退。李鸿章一听大怒，未等袁世凯把话说完，就训斥道：你是来为翁同龢当说客来了？他早就想得到协办大学士，我开了缺，腾出一个协办大学士，他即可安然顶补。你告诉他，叫他休想！他想补我的缺，万万不能。诸葛亮"鞠躬尽瘁，死而后已"这两句话我也还配说。我一息尚存，决不无故告退，决不奏请开缺。袁世凯碰了个钉子，只得诺诺而退。袁世凯走后，李鸿章余怒未消，对身边的幕僚说：袁世凯，真是小人！他巴结翁同龢，来为他当说客，想为他做成一个协办大学士。我偏不告退，叫他想死！我老师的"挺经"，正用得着。我是要传他衣钵的。我决计与他挺着，看他如何摆布？

李鸿章不但得到了曾国藩"挺经"的真传，而且比曾国藩更进一步。他曾说曾国藩晚年求退为无益之请，对自己"拼命做官"毫不掩饰。他说：现在人多讳言"热中"（指做官）二字，我独不然。我目前便是非常"热中"。士人以身许国，事业功名，都非依靠君主不可。我现在不为君主重用，安能不"热中"？由此可见，李鸿章并不安心被"投闲置散"，他在等待机会东山再起。

机会终于等来了。1896 年 5 月，俄国沙皇尼古拉二世要举行加冕典礼，指名要李鸿章前往致贺。3 月 28 日，李鸿章一行四十五人从上海出发，开始了周游列国的行程。李鸿章到俄国后，受到隆重接待，并与俄方进行秘密谈判。6 月 3 日，李鸿章与俄国外交大臣罗拔诺夫、财政大臣维特签订了《御敌互相援助条约》（即《中俄密约》），主要内容是：日本如侵犯俄国远东或中国、朝鲜领土时，中俄两国共同出兵并互相接济粮食、军火；战争期间，中国所有口岸均应对俄国军舰开放；中国允许俄国在黑龙江、吉林两省修筑铁路直达海参崴。这个条约是俄国精心策划的阴谋，也是当时清朝"联俄拒日"外交政策的反映，它打着中俄共同御敌的旗号，实际上极大地便利了俄国对中国东北的侵略。当时中俄谈判极为机密，条约也从未对外公布，因此引起国际社会的广泛猜测，上海《字林西报》竟伪造一份《中俄密约》十二条，梁启超在 1901 年写《李鸿章传》一书时，就全文引用了这份假密约。

《中俄密约》的草案全由俄方拟定，一般认为李鸿章在签约时受到了愚弄并收受巨额贿赂。其中的一个细节是，条约第一款原文是"日本国，或与日本同盟之国，如侵占俄国亚洲东方土地，或中国土地，或朝鲜土地"，中俄两国应尽力互相接济。在签约那一天，当双方代表已经就座后，俄方突然发现条约第一款中的"或与日本同盟之国"几个字没有删去，大吃一惊，于是临时决定，先吃午饭，饭后再签，随后利用吃午饭之际将条约删改，而李鸿章竟没有发现，就在删改后的条约上签了字。这个细节很生动，充分显示了俄国人的狡诈和李鸿章的糊涂，但其真实性颇令人怀疑，其理由是：其一，日本国与"与日本同盟之国"，是两个完全不同的概念，这样重大的问题

118

岂能听任一方说改就改，而且这份密约内容很简单，全文只有六款，第一款第一句就如此大改，李鸿章及中方代表难道就看不出来？第二，利用推迟吃饭之际删改条约，太具有戏剧性，难以让人相信。至于李鸿章受贿签约一事，目前所见到的证据只是俄方个别人的回忆，而且相互矛盾。俄国外交部副司长沃尔夫男爵在他未发表的回忆录中说："李鸿章带着这个签了字的条约和袋子里的两百万卢布返回北京。在东方，良心是有它的价钱的。"罗曼诺夫在 1928 年出版的《俄国在满洲》一书中，说维特答应"如果建筑铁路一事顺利成功，将付给他李鸿章三百万卢布"。在中俄密约签字的第二天，俄国财政部办公厅主任罗曼诺夫与华俄道胜银行董事长乌赫托姆斯基、总办罗启泰签署了一份《议定书》，决定拨出三百万卢布作为"抵偿与中东铁路租让权有关的费用的特别基金"。这个基金被认为是为了向李鸿章行贿。但后来发现的《议定书》原件并没有讲到向李鸿章付款的问题，而且，中俄谈判的最关键人物维特也矢口否认向李鸿章行贿之事。签约受贿是极其严重的卖国罪行，一旦发现，不光身败名裂，而且有杀头危险，李鸿章久历官场，当时又处境艰难，他不会不知道其中的利害，岂敢不顾身家性命去受贿？总之，就目前所见的史料来看，指责李鸿章受贿尚缺乏可靠的证据。

李鸿章在俄国参加沙皇加冕庆典和签订《中俄密约》之后，继续西行，先后到过德国、荷兰、比利时、法国、英国、美国、加拿大，9 月 14 日搭乘美国太平洋轮船公司轮船回国，10 月 3 日，回到天津。李鸿章此次出游，历时一百九十天，行程九万里，遍访欧美五大强国，是他晚年一次重要的外事活动。临行前，他曾对黄遵宪说，此行要策，就是联络西洋，牵制东洋。可他签订的《中俄密约》，却被黄遵宪评价为"老来失计亲豺虎"，后患无穷。近代史名家郭廷以曾评论说，光绪二十二年（1896）的《中俄密约》是李鸿章终身的大错。甲午战争以后，日本并无在短期内再进攻中国的企图。是时，日本政府反转过来想联络中国，因为西洋倘在中国势力太大，是于日本不利的。维特的本意不是要援助中国，是要利用中东铁路来侵略中国，以后瓜分之祸，及日俄战争、二十一条、"九一八"，这些国难都与这个密约有关。

李鸿章这次外交失败，也是他一贯坚持的"以夷制夷"外交政策的失败。梁启超对此曾有精辟的分析，说："天下未有徒恃人而可以自存者。泰西外交家，亦尝汲汲焉与他国联盟，然必我有可以自立之道，然后可以致人而不致于人。若今日之中国，而言联某国联某国，无论人未必联我，即使联我，亦不啻为某国之奴隶而已矣，鱼肉而已矣。"这个道理李鸿章何尝不懂？当时主张"以夷制夷"的又何止李鸿章一人？张之洞、刘坤一同样如此，只不过他们没有机会实践而已。可再一想，当时的中国，不"以夷制夷"又能怎样？

臣实是康党

1896年10月24日，李鸿章奉命在总理衙门大臣上行走。总理衙门大臣分三类，即总理各国事务亲王、郡王、贝勒；总理衙门大臣，以军机大臣兼任；总理衙门大臣上行走，由内阁、各部院满汉堂官内特简。李鸿章就属于第三类，没有什么实权。此后，他参与签订了中德《胶澳租界条约》、中俄《旅大租地条约》及《续订旅大租地条约》、中英《展拓香港界址专条》，在自己的外交生涯中又留下了屈辱的记录。

此时，国内的维新运动渐趋高涨。李鸿章对这场运动明里是观望，暗中多有同情。在经历甲午战败之后，李鸿章也认识到自己原来那套向西方学习的方法有很大局限，而维新派提出的变法自强主张与他的思想也多有相通之处。他对强学会讲中国自强之学表示赞赏，并自愿捐银两千两入会，但强学会嫌他名声太臭而拒绝。李鸿章对变法的动态十分关注，对康有为的某些主张与自己相近感到欣慰，并表示支持，但他毕竟是官场老手，知道由于帝后不和，维新派依靠光绪，排斥慈禧，很容易卷入帝后之争。因此，他格外小心，很少表现。

戊戌政变发生后，李鸿章并未受到牵连，但他对慈禧太后大肆捕杀维新派不以为然，并在暗中多有回护。总理衙门章京张元济在政变发生后去见李鸿章，让他出面调和太后和皇上的矛盾，李鸿章叹口气说："你们小孩子懂得什么？"始终置身于帝后党争之外。张元济因参与变法而被革职，李鸿章派幕僚于式枚前去慰问，又通过盛宣怀在上海为张元济安排工作。参与变法的总理衙门大臣张荫桓被捕后，慈禧欲杀之，日本代理驻华公使林权助请求李鸿章援救。李与张因外交政策不同，本不相合，但他还是通过荣禄向慈禧求情，免张一死，改为流放。

李鸿章对康有为、梁启超更是寄予希望。9月24日，他宴请日本前首相伊藤博文及随员大冈育造，在酒席间，谈起康有为之事。

李鸿章问伊藤："康有为一人恐逃往贵国，倘果有其事，贵侯必能执获送回敝国惩办。"

伊藤回答："不然，康之所犯如系无关政务，或可遵照贵爵相所谕。若干涉国政，照万国公法不能如是办理。"

大岗问:"康有为究犯何罪?"

李鸿章答:"论其罪状,无非煽惑人心,致干众怒。"

大岗说:"据仆愚见,与其将康有为搜拿惩办,不如加以培植,以为振兴中国地步,近日中国创行新法,大都出自贵爵相之手,乃历久未睹成效,何哉?以无左右襄理之人耳。"

李鸿章答:"诚然。"

大岗说:"近日康有为所为之事,无非扩充贵爵相未竟之功,故愚意不若令卒其业之为善。"

李鸿章说:"洵如君言,康有为日后可大有作为,惟据目下观之,了无异能耳。"

从这段谈话来看,李鸿章并不认为康有为犯了多大罪,而且,认同康有为是自己事业的继承者,对康有为日后的发展也寄予希望。他还托人三次慰问逃往海外的梁启超,劝诫他精研西学,历练才干,以待他日效力国事,不必因现时境遇,而灰心丧气,改变初衷。梁启超对此很感激,在1900年《上粤督李傅相书》中写道:"公以赫赫重臣,薄海俱仰,乃不避嫌疑,不忘故旧,于万里投荒一生九死之人,猥加存问,至再至三,非必有私爱于启超也,毋亦发于爱才之盛心,以为孺子可教,而如此国运,如此人才,不欲其弃置于域外以没世耶。"梁启超在后来的《李鸿章传》一书中对李多有"同情之理解",不能说没有这份私情在里面。

1900年1月,李鸿章出任两广总督,途经上海,与侄婿孙宝瑄谈起此行目的时说:"奉懿旨捕康、梁。如获此二人,功甚大,过于平发捻矣。"说完哈哈大笑,并问孙是不是康党?

孙宝瑄答:"是康党。"

李鸿章问:"不畏捕否?"

122

孙宝瑄答："不畏，中堂擒康党，先执余可也。"

不料李鸿章竟说："吾安能执汝，吾亦康党也。"

他还同孙宝瑄讲述了在京召对时的情景。当时，慈禧拿着弹劾李鸿章的奏折问他："有人谗尔为康党。"

李鸿章毫不掩饰地回答："臣实是康党。废立之事，臣不与闻。六部诚可废，若旧法能富强，中国之强久矣，何待今日？主张变法者即指为康党，臣无可逃，实是康党。"慈禧听罢，默然不语。李鸿章之所以敢在慈禧面前说自己是康党，是因为他摸透了慈禧的心思，只要不介入帝后之争，不参与废立之事，太后是不会将他这位老臣怎么样的。

李鸿章任两广总督期间，康有为、梁启超在海外的保皇活动极为活跃，清廷屡次下诏，令他捉拿康、梁。而李鸿章却一再找理由拖延，并向前来疏通的维新派表示："我决不做刀斧手。"1900年2月11日，清廷发布上谕，命李鸿章将康、梁在广东的祖坟铲平。他却迟迟不愿动手，并复电辩解说："惟虑激则生变，平毁康坟似宜稍缓筹办。"慈禧得此复电后大怒，严厉斥责道："倘或瞻顾彷徨，反张逆焰，惟李鸿章是问。"李鸿章为保全自己，不得不将康、梁祖坟铲平。

李鸿章对维新派的同情和庇护，并非不可理解。因为维新派既是洋务派的批判者，又是继承者，两者之间本来就有相通之处。李鸿章作为中国近代化的最早倡导者，在经历洋务运动的失败之后，转而对同样以变法自强为目的的维新派表示同情和理解，甚至支持，也是很自然的事。李鸿章对戊戌变法和维新派的态度是他晚年思想转变的表现，也是他晚年的一个亮点。

临事方知-死难

1898 年 11 月 13 日，李鸿章被任命为勘河大臣，会同东河总督、山东巡抚履勘山东黄河工程，这是苦差，有人认为这是慈禧对李鸿章同情维新派的变相惩罚。李鸿章上奏推辞不掉，只得成行。1899 年 11 月 23 日，清廷派李鸿章为商务大臣，亲往通商各埠考察商务。可还未成行，12 月 19 日，清廷又命李鸿章署两广总督。

李鸿章在"闲置"多年后何以会突然被任命为两广总督？原来，戊戌政变后，慈禧太后准备废黜光绪皇帝，再立新君，但又怕列强干涉，她就让军机大臣荣禄来找李鸿章，请李鸿章探询各国态度。李鸿章乘机说，我办外交几十年，都是别人先问我，何况这是内政，先询问别人，有失国体，如真要我询问，应当授予我两广总督，届时外宾必来祝贺，询问我国事，我便可顺便探询他们的态度。荣禄听罢很高兴，便劝说太后，于是就任命李鸿章为两广总督。任命一宣布，各国使节果然来贺，李鸿章便问各国对废立的态度。各国使节表示，他们按理不应干涉，但国书是递给光绪皇帝，如皇帝易位，是否继续承认，尚需请示本国。实际上是反对废立。荣禄和李鸿章也担心废立引起外国干涉和疆臣们的反对。结果，慈禧太后不得不放弃这一废立计划。而李鸿章却利用这场闹剧得以东山再起，在垂暮之年再次跻身督抚行列，成为"南粤王"。

其实，慈禧任命李鸿章为两广总督的真正意图，是让李鸿章镇压康有为等维新派的活动，因为康党在海外得到华商的支持，气势日盛，而华商又主要是广东人。李鸿章对维新派颇为同情，让他来亲手镇压，正可达到一箭双雕的目的。

李鸿章刚接任两广总督，北部的中国已成了义和团的天下。1900年春夏之交，北京、天津、保定一带的义和团运动迅速高涨。与此同时，列强武装干涉的步伐也在加快，终于演变成八国联军侵华战争。1900年6月21日（农历五月廿五日），清廷下诏与各国宣战。

北方时局的急剧变化，令"南粤王"李鸿章难以坐视，他开始为自保而寻找出路。他拒不认同朝廷的宣战诏书，在给盛宣怀的电报中说："廿五矫诏，粤断不奉，所谓乱命也。"他竟把朝廷对外宣战的诏书说成是"矫诏"，拒不响应。他积极参与东南互保，力求与南方督抚一道维持南方的稳定。

更为出格的是，他竟敢与孙中山的革命党"勾搭"，密谋"两广独立"。原来，大约在1900年5月，香港立法局华人议员何启，在征得港英当局同意后，找正在香港活动的兴中会领导人陈少白，建议趁目前的混乱局势，可以争取与李鸿章合作，在两广地区建立独立政府。陈少白很赞同，立即向正在日本的孙中山汇报。孙中山认为可以一试。

当时李鸿章身边有两个重要幕僚，一个是曾广铨，曾国藩的长孙，随曾纪泽在英、法、俄等国生活多年，精通英文，眼界开阔。另一个是刘学询，与孙中山是同乡而且以前有过交往，和香港方面也有联系。刘学询知道革命党的动向后，主动向李鸿章请求，说自己认识孙中山多年，可以设法让他到广东听从命令，得到李鸿章的默许。

6月17日，孙中山在杨衢云、郑士良及日本人宫崎滔天的陪同下，从日本横滨乘船抵达香港海面。李鸿章派曾广铨率军舰来接，邀请孙中山、杨衢云到广州谈判。而此时，陈少白也赶来向孙中山秘密报告，说李鸿章还没有最后下独立的决心，而且听总督衙门里的人说有设陷阱逮捕孙、杨的计划。于是，为防止意外，孙中山、杨衢云都没有上岸，只派宫崎滔天和另外两位日本人代表他们前往。他们三人当晚与刘学询密谈。由于双方都怀有戒心，谈判非常谨慎和艰难。刘学询表示，在联军没有攻陷北京以前，李鸿章不便公开表态；宫崎则提出，革命党可以先开展活动，但要保证孙中山及其同志的安全，并先借款一万元作为合作经费。当宫崎等人在谈判结束被军舰送到香港海口时，看到孙中山乘坐的轮船已经起碇，正向西贡驶去，无论他们怎么挥帽呼叫也无济于事。这显然是孙中山为了防止变故而有意逃避。不久，李鸿章也奉诏北上。"两广独立"的密谋因此中止。

李鸿章与革命党密谋"两广独立"，是极其机密之事，他很谨慎，并未直接参与谈判，事后也闭口不谈。我们现在只能从革命党这方面的记载中略知大概。此事的真实性无可怀疑，李鸿章晚年能有如此大胆的举动的确令人吃惊。

1900 年 6 月 15 日，朝廷命李鸿章迅速来京。7 月 8 日，清廷调李鸿章为直隶总督兼北洋大臣，时隔五年，李鸿章重又坐上了第一总督的交椅。8 月 7 日，清廷授李鸿章为全权大臣，即日电商各国外交部，先行停战。8 月 24 日，准全权大臣李鸿章便宜行事，朝廷不为遥制。

当时的局势极为严峻。光绪帝与慈禧太后已经离开京城出逃，八国联军进占北京。最为严峻的是国家已经失去抵抗的能力，面临被列强瓜分的危险。当时，在中国任海关总监的赫德就曾给在英国的海关驻伦敦办事处的金登干发电报，询问西方列强的态度："欧洲的意见如何？是维持清廷还是瓜分大清国？"

由于北方局势不明，李鸿章不敢贸然北上，在滞留上海数月后，才于9月14日离沪，9月19日抵天津，10月1日在天津接任直隶总督，10月11日抵北京。此后，奕劻、李鸿章这两位全权大臣开始了与列强的"谈判"。12月24日，奕劻前往西班牙使馆会见十一国公使，互换全权证书，各国公使将《议和大纲》交给奕劻，要求迅速答复。奕劻、李鸿章立即向清廷电奏和约内容，并极力劝说允准，其言道：宗社陵寝均在他人掌握，稍一置词，即将破裂，存亡之际，间不容发。唯有吁恳皇太后、皇上上念宗社，下念臣民，迅速乾断，电示遵行。12月27日，清廷电复奕、李二人，宣布"所有十二条大纲，应即照允"。1901年1月15日，奕劻、李鸿章在《议和大纲》上签字画押。9月7日，奕劻、李鸿章与德、奥、比、西、美、法、英、意、日、荷、俄十一国代表签订了《辛丑条约》。

《辛丑条约》是中国近代史上最丧权辱国的不平等条约，也是李鸿章一生签订的最后一个条约。就当时的局势而言，奕劻、李鸿章虽为大清国议和全权大臣，其实并没有发言权，条约的谈判主要是在列强之间协商，然后迫使清政府接受而已。这点当时人都看得很清楚，军机大臣荣禄在给他人的私函中就说：庆亲王（奕劻）、李鸿章，名为全权，与各国开议，其实彼族（列强）均自行商定，是日交给条款照会而已，无所谓互议也。李鸿章在签约后给清廷的奏折中也说：（各国公使）送到和议总纲十二款，不容改易一字。臣等虽经办送说帖，于各款应商之处，详细开说，而各使置若罔闻。而且以派兵西行，多方恫吓。臣等相机因应，笔秃唇焦，卒以时局艰难，鲜能补救。

李鸿章签约之后，时人胡思敬作诗云：还朝贼几伤裴度，免胄人皆望叶公。留得中兴元老在,一生功过在和戎。他对此解释说,京师陷,中外皆延颈望和。当时能主持和局者,非鸿章莫属,遂命为全权大臣。鸿章既受命,朝局始有转机,都人皆置酒相贺。显然,在胡思敬看来,李鸿章入京议和是众望所归、和戎有功。这是当时一般士大夫的感受,与今人对李鸿章的评价迥然不同。

李鸿章在辛丑议和后,对这次事变有痛定思痛的思考。他在《和议会同画押折》中说,臣等伏查近数十年内,每有一次构衅,必多一次吃亏。今议和已成,大局少定,仍望朝廷坚持定见,外修和好,内图富强,或可渐有转机,譬诸多病之人,善自医调,犹恐或伤元气,若再好勇斗狠,必有性命之忧矣。这就是李鸿章对晚清外交失败教训的最后总结。

辛丑议和期间,李鸿章的身体急剧衰弱。9月7日,他不遵医嘱,抱病参加签约仪式。签字归来后,寒热间作,痰咳不支,饮食不进,更加感到委顿难堪。9月12日,清廷以李鸿章力疾从公,忠爱性成,赏假二十日调理。10月3日销假后,李鸿章又立即恢复与俄国关于交收东三省的谈判。原来,俄国乘联军侵华之际,出兵占领东三省,迟迟不愿撤兵。俄国为了避免其他列强干涉,玩弄花招,要求在中俄两国政府间订立撤军条款,在中国政府与华俄道胜银行间订立另外协定,将东三省路矿及其他利益全部让归华俄道胜银行。10月10日,华俄道胜银行驻北京代表波兹德涅耶夫向李鸿章提出道胜银行协定草案,李鸿章拒绝接受。10月28日,奕劻、李鸿章电奏朝廷,俄使不允删改撤兵约稿,再不订约,决不续商,再占二十年亦不着急。

10月30日,李鸿章到俄国使馆谈判,受到俄使的恫吓和威胁，归来后，咯血半盂，病情危急。11 月 6 日，清廷赏假十日。11 月 7 日，李鸿章在北京病逝，享年 79 岁。

临终前，周馥前往探视，当时的情形是：相国已穿上殓衣，呼之犹应，不能说话。延至次日午刻，目犹瞠视不瞑。我用手抚之，哭曰：老夫子有何心思放不下，不忍去耶？公所经手未了事，我辈可以办了，请放心去吧。忽然目张口动，欲语泪流。余以手抹其目，且抹且呼，慢慢闭上眼睛，须臾气绝。

据说，李鸿章在临死之前还吟诗一首：

　　　　劳劳车马未离鞍，临事方知一死难。

　　　　三百年来伤国步，八千里外吊民残。

　　　　秋风宝剑孤臣泪，落日旌旗大将坛。

　　　　海外尘氛犹未息，请君莫作等闲看。

其遗折（于式枚代拟）中也写道："每念时局艰危，不敢自称衰病，惟冀稍延余息，重睹中兴，赍志以终，殁身难瞑。"

李鸿章死时，两宫外逃，山河破碎，王朝将倾，民不聊生，他真是死不瞑目啊！

李鸿章对大清王朝可谓忠心耿耿，不管身在何处，不管任务多么艰巨，只要朝廷一声令下，他便招之即来，来了便能应付。李鸿章固然有弥缝补苴、收拾残局的本领，可这也是他能力的极限。正如梁启超所言："非不尽瘁，庸有济乎？"李鸿章死在中俄交收东三省谈判期间，算是鞠躬尽瘁了，可也无法挽救大清王朝行将覆灭的命运。

第 9 章

誉之千万，毁之千万

李鸿章是中国近代史上最受争议的人物之一。在他生前，天下谤言集于一身，大有食肉寝皮之势；在他死后，盖棺难以论定，百年来誉之毁之的言论滔滔皆是。这是李鸿章的悲哀，也是他的幸运。正如梁启超所言，天下惟庸人无咎无誉，誉之者千万，毁之者亦千万，此可谓非常人物矣。不管如何评价，李鸿章是中国近代史上的非常人物当无异议。

谥公曰忠，公论斯在

李鸿章是在中俄谈判期间病逝的，也可以说是在谈判中累死的，被列强逼死的。如此"因公殉职"使李鸿章在国人面前落得一个"鞠躬尽瘁，死而后已"的形象。因此，当他去世的消息传出，不仅逃亡在外的两宫震惊痛悼，连随从的大臣、太监等无不相顾愕然，如梁倾栋折，骤失倚恃。即使是平日极力诋毁之人，也不能不为之扼腕。此情此景，可见李鸿章在晚清政治舞台上的分量，他"赍志以终，殁身难瞑"的遗憾也为他

130

增加了不少的"印象分"。

李鸿章死后，朝廷和同僚故旧同声哀悼，对他一生的功绩给予高度评价。清廷评价他：器识渊深，才猷宏远。由翰林倡率淮军，戡平发捻诸匪，厥功甚伟。朝廷特沛殊恩，晋封伯爵，翊赞纶扉。复命总督直隶，兼充北洋大臣，匡济艰难，辑和中外，老成谋国，具有深衷。予谥文忠，追赠太傅，晋封一等侯爵，入祀贤良祠。

庆亲王奕劻与李鸿章一同参与辛丑议和，他在李死后，奏请在京城为李鸿章建立专祠，这是以前没有的先例。他提出的理由是："惟去年之乱，为我朝二百余年未有之变，全权大臣持危定难，恢复京辇，亦我朝二百余年未见之功。故相以劳定国，以死勤事，又始终不离京城，自非寻常勋绩可与比例。"12月13日，清廷下诏准于京师为李鸿章建立专祠，列入祀典，以示优异。

两江总督刘坤一奏请在江宁（今南京）捐建李鸿章专祠。他在奏疏中对李鸿章一生尤其在江苏的政绩给予高度评价："李鸿章统军连克苏、常，谋勇兼优，会师攻江宁，故延其期，意在让美，有功不居。荡平捻匪，江宁得休养生息，迄今三十余年。拳匪之变，奉命议和，卒使河山如故，沿江海亦得不遭兵革。署任两江总督时以培植人才为己任，建惜阴书院、江宁府学，生平爱士，出于天性，所识拔者一见即终生不忘。李鸿章经猷远大，忠爱性成，实为国家柱石之臣。宋李纲之为人，知天下有安危而不知其身之有祸难，以古方今，讵容多让。"

刘坤一与李鸿章相交并不深，意见也常相左，但他在此折中对李鸿章评价甚高，特别提到李缓攻江宁，意在让美，生平

131

爱士，出于天性，与宋代李纲一样只知天下有安危而不知其身之有祸难等等，都有独到之处。

安徽名士吴汝纶与李鸿章私交深厚，他在《祭李文忠公文》中，以四言韵体，表扬其生平，其辞曰：

> 在咸同世，中兴四佐，曾公称首，次胡次左。
>
> 公师曾公，与为唱和，耸身山立，视世少可。
>
> 维昔三贤，治兵方内，及若交邻，皆所未逮。
>
> 公功与并，益以驭外，远抚长驾，黟独公最。
>
> 彼昏不窬，挠成使败，已败缩手，救乃公恃。
>
> 今之媾和，存亡攸系，沮事之议，尚滋纷起。
>
> 一任誉毁，爱竣爱济，谥公曰忠，公论斯在。

吴汝纶将曾国藩、胡林翼、左宗棠、李鸿章并称为咸丰、同治年间的"中兴四佐"，其他三位只擅长治兵安内，只有李鸿章内外兼长。朝中昏聩者不谙交涉，待败局已定，又依靠李鸿章来收拾残局。今日媾和，关系存亡，毁谤之言，重又纷起。朝廷赐李鸿章谥号文忠，可见公道自在人心。

俞樾（字荫甫）与李鸿章同为道光甲辰科（1844）举人，又同为曾国藩弟子，曾对两人的评价是："李少荃拼命做官，俞荫甫拼命著书。"俞、李道路不同，交谊深厚。李死后，俞樾为李写的挽联是：

> 甫四十即封疆，未五旬即宰辅，经文纬武，盖代勋名，历数寰中荡寇，域外和戎，力任其难，相业巍巍千古少。
>
> 位三公为太傅，食万户为通侯，垂地隆天，饰终典礼，惟是边警仍殷，銮舆尚远，殁而犹视，忠心耿耿九原悲。

上联是说李鸿章一生的功业，巍巍千古少；下联是说边患未除，李鸿章死不瞑目。

严复是近代启蒙思想家，曾任北洋水师学堂总教习、总办，为李鸿章所赏识。他为李写的挽联是：

使当时尽用其谋，知成效必不止此；

设晚节无以自现，则士论又当何如。

意思是说若李鸿章当年的计划都能付诸实现，中国今日远比现在富强，假如李鸿章不是因庚子议和而显露出尽忠报国的晚节，朝野舆论对他又该如何评价。

清朝国史本传对李鸿章作了盖棺论定式的评价："自中原罢兵，移督直隶，坐镇天津，办理内治外交，以一身系天下安危者，垂三十年。"又说："鸿章与曾国藩谋国忠诚，决策英断，不摇浮议，不顾毁誉，略相伦等。其任事勇锐，赴机捷速，不为小廉曲让，则鸿章有独至孤诣。自壮至老，历常变夷险，未尝一日言退，婴疾病不轻乞假，尝言曾国藩晚年求退为无益之请，受国大任，死而后已。"这里提到的"不摇浮议，不顾毁誉"，"未尝一日言退"，"受国大任，死而后已"，确实是李鸿章最令人称道之处，甚至与曾国藩相比有过之而无不及。

尽管李鸿章一生谤言丛集，功过是非颇多争议，但在他死后，朝野上下对他多是褒奖、赞誉之声，这固然有清廷树立尽忠模范的需要，也有出于私交的溢美之词，但就李鸿章一生的表现而言，他也庶几能受之无愧。特别是上述赞誉中一再提到的不摇浮议、不顾毁誉、从不言退、受国大任、死而后已等等，确实是李鸿章一生最闪亮之处。

敬其才，惜其识，悲其遇

李鸿章去世不到两个月，梁启超的《李鸿章传》一书就"横空出世"，惊现史坛。此书虽篇幅不大，不足十万字，且因无书可供考证，记述谬误之处不少，但作者笔力之锋健、议论之恣肆、评价之精辟，都令人惊叹。时至今日，研究李鸿章的著作可谓多矣，但此书的价值并不因此稍减，仍是了解李鸿章的必读之书。

梁启超此书的最大特点就是不细述李鸿章的生平和事业，而以评论和分析见长。这也许是考虑传主刚死，其一生事业人所共知，毋庸赘述，而人们关心的则是如何为李鸿章盖棺论定，于是作者就发挥自己议论见长的优势，一气呵成了这篇名著。

就时代而言，梁启超与李鸿章可算同代；就年龄而言，梁启超是晚辈；作为戊戌变法的骨干，梁启超的思想认识远在李鸿章之上。因此，他对李鸿章的评价，既有同代人对民族危机的共同感受，又有晚辈对上辈曾寄予希望的感激（李曾多次托人捎话鼓励梁研精西学，历练才干，以待他日效力国事），更有维新派对洋务派前辈的尖锐批评。在梁启超看来，李鸿章是誉之者千万、毁之者亦千万的非常之人物，为中国独一无二之代表人，为中国近四十年第一流紧要人物。读中国近世史者，势不得不口李鸿章，而读李鸿章传者，亦势不得不手中国近世史。因此，他说此书虽名之为"同光以来大事记"可也。其实在梁启超的《饮冰室合集》中，《李鸿章》一书的正名就是《中国四十年来大事记》。由此可见，李鸿章在梁启超心中的分量。

梁启超对李鸿章总的评价是："吾敬李鸿章之才，吾惜李鸿章之识，吾悲李鸿章之遇。"他对李鸿章在内战中的军事才能评价极高，说李鸿章用兵，谋定而后动，料敌如神，故在军中十五年，未尝有所挫衄。他认为李鸿章之才在同代官僚中无人能比，他说："李鸿章果足称为中国第一人与否，吾不敢知，而要之现今五十岁以上之人，三四品以上之官，无一可以望李之肩背者，吾所能断言也。"

但梁启超对李鸿章之见识不远颇为可惜，直接批评他"不学无术"："李鸿章不识国民之原理，不通世界之大势，不知政治之本原，当此十九世纪竞争进化之世，而惟弥缝补苴，偷一时之安，不务扩养国民实力，置其国于威德完盛之域，而仅撷拾泰西皮毛，汲流忘源，遂乃自足，更挟小智小术，欲与地球著名之政治家相角，让其大者，而争其小者，非不尽瘁，庸有济乎？"

就洋务而言，梁启超认为李鸿章实不知国务之人，不知国家为何物，不知国家与政府有若何之关系，不知政府与人民有若何之权限，不知大臣当尽之责任。其于西国所以富强之原，茫乎未有闻焉。以为吾中国之政教文物风俗，无一不优于他国，所不及者，惟枪耳、炮耳、船耳、铁路耳、机器耳，吾但学此，而洋务之能事毕矣。

梁启超虽承认李鸿章的见识，固有远过于寻常人者，但笔锋一转，又评价说，李鸿章知有兵事而不知有民政，知有外交而不知有内治，知有朝廷而不知有国家。日责人昧于大局，而己于大局，先自不明；日责人畛域难化，故习难除，而己之畛域故习，以视彼等，犹不过五十步与百步也。因此，在梁启超

135

看来，李鸿章的病根在不学无术，他只是一个为时势所造之英雄，非造时势之英雄。

至于李鸿章之遭遇，梁启超主要从三个方面来分析：

其一，未遇明君。他举例说，李鸿章晚年历聘欧洲，在德国见到前宰相俾斯麦，问："为大臣者，欲为国家有所尽力。而满廷意见，与己不合，群掣其肘，于此而欲行厥志，其道何由？"俾斯麦答道："首在得君，得君既专，何事不可为？"李鸿章说："譬有人于此，其君无论何人之言皆听之，居枢要侍近习者，常假威福，挟持大局。若处此者当如之何？"俾斯麦考虑良久说："苟为大臣，以至诚忧国，度未有不能格君心者，惟与妇人女子共事，则无如何矣。"李鸿章再无话可说，因为与他共事的最高掌权者正是慈禧太后挟持同治、光绪两个小皇帝。

其二，权力有限。李鸿章所处时代，正是专制政体进化完满达于极点之时代，也是满洲统一已久汉人权力渐初恢复之时代。就前者而言，李鸿章与中国古代专擅威福、挟持人主、天下侧目、危及社稷的权臣相比，只能算是纯臣；与近代各国风行雷厉、改革庶政、操纵如意、不避怨嫌的权臣相比，只能算是庸臣。就后者而言，金田起义是满汉权力消长之最初关头。当时朝廷虽不得不倚重汉人，但岂能推心于汉人？曾国藩自金陵收复后，战战兢兢，若芒刺在背。以曾国藩学养深到，犹且如此，况李鸿章之自信力犹不及曾国藩乎？因此，梁启超认为，李鸿章之地位，与汉代霍光、曹操和明代张居正，以及近代欧洲日本所谓立宪君主国之大臣，迥不相侔。再有，清朝自雍正以来，政府之实权，在军机大臣，故一国政治上之功罪，军机大臣当负其责任大半。李鸿章一生未担任过军机大臣，而与他同时代的军机大臣皆非与他同心同力、同见识、同主义。

这是李鸿章的又一悲哀。

其三，习俗所困。在梁启超看来，凡人生于一社会之中，每为其社会数千年之思想习俗义理所困，而不能自拔。李鸿章不生于欧洲而生于中国，不生于今日而生于数十年以前，先彼而生、并彼而生者，曾无一能造时势之英雄以导之翼之，其时其地所孕育之人物，只能如此，这不是李鸿章一人的责任，却是他遭遇的不幸。

梁启超在此书的最后，还将李鸿章与古今中外的政治家加以比较，颇有趣味。张之洞是与李鸿章同时代且名气相当的晚清重臣，但在梁启超看来，张何足以望李之肩背？李鸿章实践之人也，张之洞浮华之人也。李鸿章最不好名，张之洞最好名，不好名故肯任劳怨，好名故常趋巧利。张之洞于交涉事件，著著与李鸿章为难，但其所画之策，无一非能言不能行。李鸿章尝对人说：想不到张之洞做官数十年，仍是书生之见。至于其虚骄狭隘，残忍苛察，与李鸿章之有常识有大量相比，更是相去霄壤。从此段比较中，不难看出梁启超扬李抑张的倾向非常明显。

李鸿章曾被人称为东方的俾斯麦。梁启超认为这种称呼，非诙辞，则妄言，李鸿章何足以望俾斯麦？以兵事论，俾斯麦所战胜的是敌国，而李鸿章所屠杀者是同胞；以内政论，俾斯麦能合向来散漫之列国为一大联邦，李鸿章乃使庞然硕大之中国降为二等国；以外交论，俾斯麦联奥、意而使为我用，李鸿章反联俄而堕彼谋。三者相较，其霄壤何如？李鸿章之学问智术胆力，无一能如俾斯麦。将两者相提并论是重诬二人。

伊藤博文是近代日本政治家，是李鸿章的谈判对手。梁启超认为，以成败论，伊藤自然胜过李鸿章。但伊藤为际遇最好之人，其在日本的分量，不如李鸿章在中国的分量。伊藤有一点为李鸿章所不及，其曾游学欧洲，知政治之本原，故能制定宪法为日本长治久安之计。李鸿章则只知道弥缝补苴，画虎效颦，而终无成就。但日本国内其学识如伊藤者，其同辈不下百余，而中国国内其才能如李鸿章者，其同辈中不得一人。这不仅是李鸿章的悲哀，更是中国的悲哀。

至于李鸿章是何等人物，梁启超最后下的断语是：不学无术，不敢破格，是其所短；不避劳苦，不畏谤言，是其所长。要而论之，李鸿章有才气而无学识，有阅历而无血性。彼非无鞠躬尽瘁死而后已之心，然彼弥缝偷安以待死者也。彼于未死之前，当责任而不辞，然未尝有立百年大计以遗后人之志。正如谚语中所说的，做一天和尚撞一日钟。中国朝野上下之人心，莫不皆然，而李鸿章是其代表人。尽管如此，今日举朝二品以上之大员，五十岁以上之达官，无一人能及于李鸿章。

梁启超此书对李鸿章的评价颇为有趣：一面说他"不学无术""弥缝补苴"，一面又说他的才能见识在同时代无人能比；一面严厉批评，一针见血，一面又温情辩护，不能归咎于李鸿章一人。但总的来看，梁启超把李鸿章视为晚清第一人，将他的传记命名为《中国四十年来大事记》，其评价还是较高的。此书的若干精辟论断，百年来被一再引用，不愧为研究李鸿章的经典之作。

声誉应作向上提高

进入 20 世纪 40 年代以后，中国史学界批判、否定李鸿章的声音逐渐成为主流。1947 年，范文澜在《中国近代史》上册中对李鸿章持完全否定态度。他认为李鸿章对外采取投降主义，外交政策是一意主降。甲午战争期间，军阀买办性决定了李鸿章在被迫作战时，采取一面消极应战，一面力谋投降的卑污方式。由于范文澜在中国近代史研究领域的开拓性贡献和此书的广泛影响，再加上阶级斗争的观点主宰着整个史学界，所以，1949 年以后，大陆史学界基本上把李鸿章定位为镇压农民起义的刽子手、与帝国主义勾结维护清朝封建统治的洋务派首领、对外投降签订不平等条约的卖国贼。

60 年代初，大陆史学界曾展开一场关于洋务运动的讨论。由于李鸿章是洋务运动的倡导者和实践者，因此，对洋务运动的评价也可以看作是对李鸿章的评价。有学者认为，洋务运动原本是一个带有民族主义色彩的运动，它要和帝国主义侵略者相抗衡，并且确实对帝国主义的经济侵略起到了一定的阻止和延缓作用，其客观发展的结果，刺激和促进了中国资本主义生产方式的产生和发展，从而在一定程度上反映和代表了当时中国社会发展的新方向。如果按照这种观点，那么李鸿章作为洋务运动的首领，就应该给予适当的肯定。但否定洋务运动的意见还是占了主流。有学者认为，洋务运动是适应帝国主义的需要、在帝国主义的直接推动和支持下进行、并为帝国主义在中国建立"新秩序"的侵略利益服务的。它又是中国封建地主阶级当权派，在取得帝国主义支持的新的条件下，为强化自己的反动统治、镇压革命的人民所进行的自救运动。按照这种观点，李鸿章自然应在否定之列。

70 年代末 80 年代初，在改革开放的新形势下，大陆史学界又开展了洋务运动的讨论。有学者仍认为洋务运动是一个反动的运动，它是中国封建主义勾结外国侵略者共同镇压中国人民革命的罪恶产物，是臭名昭彰的大刽子手大汉奸大卖国贼曾国藩、李鸿章们发起和把持的罪恶产物，在中国近代史上写下了很不光彩的一页。但此时肯定洋务运动的观点越来越占上风。有学者就认为洋务运动在中国近代史上是一个具有进步性的运动。它与外国侵略者的斗争，反映了中华民族与外国侵略者的矛盾。与这种观点相适应，有更多的学者对李鸿章在洋务运动中的表现持同情和肯定的态度。

由于洋务运动和李鸿章本身的复杂性，以及史学家研究方法和评价标准的差异，要想在李鸿章评价上取得完全一致的观点是不可能的。不过，总的看来，大陆史学界一致认为李鸿章是中国近代史上的核心人物，对他的评价也逐渐趋于客观、公正。著名史学家戴逸认为，从李鸿章的这些活动来看，整个19世纪下半期，中国正面临一个大动荡、大分化的时代，内忧外患，新旧交替，李鸿章处在各种矛盾和漩涡的中心，其重要性是不言而喻。不了解李鸿章，就不能深入了解19世纪下半叶的中国，也不能深入了解和研究中国近代史。李时岳认为，在灭亡的威胁下，李鸿章积极从西方引进先进的军事装备、机器生产和科学技术，不自觉地朝向采用资产阶级的生产方式的道路上前进，这是适应世界潮流、符合中国需要的。不过，他没有否定中国封建主义的意图，只是在半殖民地半封建的基础上从事某些枝节的改革，希望延长清朝统治的寿命，避免完全殖民地化。陈旭麓认为，一方面，我们承认李鸿章是近代化进程中的开头人物；另一方面，我们也不能忘记，他毕竟还是属于封建"体"里面的人，他本身并没有超出这个"体"，他只是从封建的"体"里绽开一个缺口。就李鸿章对当时世界的认识来讲，比曾国藩、左宗棠要快、要多，在认识世界和进行近代化的实践中，李鸿章的贡献的确要大一些。

与大陆学者相比，海外学者对李鸿章的评价要高一些。台湾学者李守孔认为，李鸿章以一词臣典掌兵戎，转战南北，总制北洋，内参枢机，外当外涉之冲，垂三十余年，其目光之远大，手腕之敏捷，迥非时人所能及。李鸿章以中上之材，因缘机遇，成不世之业，然不幸缺乏近代知识，上受制于腐败之清廷，中受制于保守之同僚，下受制于愚昧之国人，而周旋于列强之间，移祸避衅，使清廷苟延数十年之国运，姑不论其功过，其为近代中国史上之枢纽人物，则无异言也。

美国学者朱昌峻在《李鸿章评传》一书中对李鸿章作了全面的评价，大体上可以代表西方学者的观点。他认为，李鸿章是自强运动中一个最重要的清政府官员，他是这个运动最早的领袖之一，他的所作所为，远远超过他同辈中任何一个人。就自强运动作为中国近代化早期阶段所达到的程度来说，李完全应当被看作他所处时代中国近代化的领导人。李鸿章在自强的努力中，感到不可能不同外国发生联系。由于新的技术知识实际上只能来自海外，他不得不依靠外国人，因此他雇聘了外国顾问、教师和技术人员。当他这样做时，中国的安全便只能通过谈判来维持。李于是必然涉足外交。在中国尚未强大到足以采取坚定的立场之时，妥协和让步是不可避免的。事后证明，李鸿章是一个弱国外交的大师，在可能采取坚定立场的少数情况下，他采取了坚定的立场，在不可能的时候，便作出最小的让步。他认为，他能够利用西方大国之间的竞争赢得时间。事实证明他错了，但是在他的时代，还有什么别的选择呢？

朱昌峻还认为李鸿章应当得到更为积极的评价。他一生都显示出个人勇气。他的干劲和执着，在缺乏敢于作为和甘于奉献精神的官场中有如鹤立鸡群。在资金靠不住、批评攻击不断会使一个平庸之人沮丧的时候，李鸿章实现绝大部分自强计划的成就令人瞩目。他为正统的朝廷所驱遣，对其忠贞不渝，然而他将这种忠诚推广到为国家和中国人民整体利益而工作。尽管他有个人的弱点和众所周知的失败，他的全面记录却是一个在他个人和他的国家都十分困难的时刻取得重大成就的记录。他的记录是一个鸦片战争后中国人无所作为二十多年之后、从1860年代初开始的革新的记录——这个记录持续了三十多年。为了这一切的理由，我们认为，李鸿章的声誉应作向上提高的重大修正的问题，值得提出来了。

时势所造之英雄

李鸿章晚年在检讨自己的一生时，曾发出这样的感慨："功计于预定而上不行，过出于难言而人不谅，此中苦况，将向何处宣说？"从他一生的遭遇来看，他说这话也不全是为自己开脱，他内心确实有难与人言的苦衷。这些苦衷当时不会有多少人理解，百年后，我们是否能对他的遭遇和努力更多一些理解呢？

要客观公正地评价李鸿章，除了要了解李鸿章所处的时代和西强中弱的大背景外，还要弄清李鸿章的权力到底有多大？他到底应该对中国近代的丧权辱国负多大责任？梁启超在《李鸿章传》一书中第二章专门论述李鸿章之位置，显然是要读者明白李鸿章在晚清政治舞台上所能发挥作用的限度。李鸿章往往被人称为近世中国之权臣，但梁启超认为，李鸿章的权力既无法同汉代的霍光、曹操和明代的张居正这样真正的权臣相比，也不如近世欧美立宪国之大臣。随着中国专制政治的发达，君主的权力不断膨胀，而所谓的权臣则越来越少。作为大臣，不管身居何种要职，而谪迁生死全凭皇帝一道诏书，能得以善终就算是幸运。因此，满朝文武皆守做一日和尚撞一日钟之主义，唯以持盈保泰守身全名相劝勉。

就李鸿章而言，在他的为官生涯中，除了要承受君主专制制度的暴虐外，还要时刻小心满族权贵对汉人的猜忌和防范。他一生先后担任过江苏巡抚、两江总督、湖广总督、直隶总督兼北洋大臣、总理衙门大臣、两广总督等职，特别是在直隶总督任上长达二十五年，又创建和控制着淮军和北洋水师，还是晚清外交的主要主持者，应该说是拥有很大的权力。但李鸿章说到底还主要是一个地方官员，在他之上有军机大臣，更有皇上和太后。清朝自雍正以来，军机处逐渐成为协助皇帝处理军机要务的中枢机构，军机大臣虽只是皇上的御用工具，完全听命于皇上，但他们毕竟是最接近皇帝的官员，他们的意见有时可以影响皇帝的决策，他们的日常事务就是代皇帝起草上谕、代圣上立言，其权力之大和对皇帝的影响是地方官员无法相比的。可李鸿章终其一生未曾担任过军机大臣。更不幸的是，与他同时代的军机大臣皆非与他同心同力、同见识、同主义。

1894 年 9 月 30 日，军机大臣翁同龢奉旨到天津责勉李鸿章。李鸿章惶恐引咎，承认"缓不济急，寡不敌众"。翁同龢质问："陪都重地，陵寝所在，设有震惊，奈何？"李鸿章如实答复："奉天兵实不足恃，又鞭长莫及，此事真无把握。"翁同龢又问："北洋兵舰如何？"李鸿章一听这话便非常生气，怒目相视，半晌无一语，后慢慢掉头说："师傅总理度支，平时请款辄驳诘，临事而问兵舰，兵舰果可恃乎？"翁同龢辩解道："臣以撙节为尽职，事诚急，何不复请？"李鸿章愤愤地说：

"政府疑我跋扈，台谏参我贪婪，我再哓哓不已，今日尚有李鸿章乎？"翁同龢无话可说。翁、李的这段对话，充分说明李鸿章办北洋水师所面临的困难，以及他的无奈和愤恨。

除了军机大臣外，李鸿章的上面还有皇帝和太后。同治、光绪年幼时，由慈禧太后垂帘听政。当皇帝长大亲政后，慈禧太后仍不愿放权，以致形成两个权力中心。甲午战前，慈禧太后为了筹备六十大寿，极力主和，而光绪此时已经亲政，他在主战派的舆论左右下，倾向于主战。李鸿章身处其中，左右为难，既不敢得罪慈禧，放手准备一战，又在光绪帝的严厉斥责和主战舆论的压力下，不得不派兵赴朝，做战争准备。朝廷中的战和不定，使李鸿章和也难和，战更难胜。李鸿章固然对甲午战败难辞其咎，可把全部罪过都算在李鸿章头上也确实不公。他没有这么大的权力来承担这么大的责任。

应该说，李鸿章是一个很会做官的人，一生中也基本上是官运亨通。但清朝最高统治者对李鸿章仍恩威并用，玩李鸿章于股掌之中。1868 年 2 月，西捻军突入直隶，京畿震动，李鸿章因应援不力，被拔去双眼花翎，褫去黄马褂，革去骑都尉世职。可此时离他剿灭东捻军，被加骑都尉世职，尚不足一月。朝廷雷霆之怒，无法预料。1894 年 9 月，平壤、黄海之战失败后，李鸿章又因未能迅赴戎机，日久无功，被拔去三眼花翎，褫去黄马褂。直到 1895 年 2 月被任命为全权大臣赴日议和时，才得赏还翎顶和黄马褂。1896 年 10 月，刚从欧美回国的李鸿章竟因擅闯圆明园，罚俸一年，不准抵销。原来慈禧太后和光绪帝此时正在主持重修圆明园工作，每隔数日必亲往监督视察，圆明园已成禁区。可李鸿章刚从国外回来，不知内情，贸然入园散心，遭此处罚，除自认倒霉之外，又有何话可说。由此可见，李鸿章尽管表面上集内政外交大权于一身，但在专制制度的淫威下，他的官帽，甚至脑袋，都可以随时被最高专制统治者轻易摘掉。李鸿章固然缺乏扭转乾坤的勇气和远见，但他更缺乏这样的权力和条件。他只能做一个鞠躬尽瘁的忠臣，与大清王朝及其君主专制制度一块埋葬。

就李鸿章一生而言，还是梁启超的断语令人玩味：不避劳苦，不畏谤言，是其所长；不学无术，不敢破格，是其所短。李鸿章早年志向远大，曾发出"一万年来谁著史，三千里外欲封侯"的狂言。作为科场上的幸运儿，他25岁即考取进士，28岁即为翰林院编修。此后，他奔波于镇压太平军和捻军的战场，历经磨难，终成晚清重臣。他认识到中国面临数千年未有之变局，遭遇数千年未有之强敌，为求强求富，可谓苦心孤诣，呕心沥血。在对外交涉中，他抱定"总以议和为是"的原则，力避开衅，为此，他外遭列强的威逼，内受舆论的攻击，其内外夹击的苦楚难与人言。战败之后，又是他出面来收拾残局，在谈判中受尽屈辱。当1895年2月清廷遣使赴日议和被拒后，李鸿章不顾年迈，毅然前往，领受这份注定的耻辱。在临行之前，李鸿章曾开玩笑地邀翁同龢一同前往，翁连忙以自己未办过洋务而推辞。李、翁两人一进一退的态度，显示的是对重任的承受或推诿。1898年11月，清廷竟任命76岁的李鸿章为勘河大臣，考察黄河。这是一件出力不讨好的苦差事，李鸿章一开始曾以精力衰颓为由上奏请辞，最后还是勉力前行。在四个月的考察中，他不顾隆冬严寒，不辞劳苦，驱驰两千里，认真查看，广泛听取各方意见，拿出了治标、治本两套治河方案，也算是尽职尽责。1900年八国联军侵华，京师被占，太后、皇帝西逃。刚刚上任不久的两广总督李鸿章又奉命赴京议和，在人生的暮年再一次充当"替罪羊"。辛丑议和结束后，他又投入与俄国交收东三省的谈判，最后，谈判未了，精力耗尽，带着遗恨离开人世。从李鸿章一生的表现来看，"不避劳苦、敢担大任"这八个字，他是受之无愧的。至于不畏谤言，更是李鸿章为同代官僚所不及之处，他内政外交的哪一项活动不是背负骂名、顶着喊杀声前行？

李鸿章终其一生未能挽救大清王朝的统治，也未能实现富国强兵的目标，在内政外交两方面都是失败者。李鸿章的失败有多方面的原因，就他个人而言，正是归咎于不学无术、不敢破格。李鸿章作为洋务派的首领，尽管在认识上高出顽固派一筹，提出了向西方学习的主张，并付诸实践，取得了一些成效，但在李鸿章眼里，西方的长技仅限于枪炮、船舰、铁路、机器而已，中国的政教风俗仍远在西方之上。而实际上，中国落后于西方的根本原因恰恰就是政教风俗，不改变中国的君主专制制度，其他的一切努力最终都难逃失败的厄运。梁启超批评李鸿章知有朝廷而不知有国民，正是击中他失败的要害。李鸿章也许由于见识不远未看到这一点，也许看到了因顾忌自身利益不敢去做，这就是他的局限所在。时代和个人的局限，使李鸿章只能做一个东补西贴的裱糊匠，弥缝补苴，苟且偷安，当一天和尚撞一天钟，为无可救药的大清王朝，鞠躬尽瘁，死而后已。尽管与晚清官场上那些尸位素餐、不撞钟的"和尚"相比，李鸿章无疑是佼佼者，算得上是一位时势所造之英雄，但当时中国更需要掀天揭地、扭转乾坤、转移世运的造时势之英雄，显然这样的英雄李鸿章承受不起。

后人对李鸿章的批评和指责实际上是希望更杰出、更伟大的英雄继李鸿章而起，完成强国富民、振兴中华的伟大使命。

附　录

年　谱

1823 年（清道光三年）　2 月 15 日（农历正月初五）出生于安徽省庐州府合肥县。

1828 年（道光八年）　由父亲启蒙教读。

1840 年（道光二十年）　中秀才。

1843 年（道光二十三年）　考选为庐州府学优贡生。以"年家子"身份进谒曾国藩，为授业之始。

1844 年（道光二十四年）　中顺天恩科乡试第八十四名举人。

1845 年（道光二十五年）　参加恩科会试，未中。从曾国藩求义理经世之学。

1847 年（道光二十七年）　应本科会试，列二甲第十三名。朝考后，改翰林院庶吉士。

1848 年（道光二十八年）　留京师翰林院。

1850 年（道光三十年）　翰林院散馆，被授编修。

1851 年（咸丰元年）　留京师，充武英殿纂修，国史馆协修。

1853 年（咸丰三年）　与袁甲三随同工部侍郎吕贤基赴安徽帮办团练防剿事宜。抵庐州后，入署抚周天爵幕，在颍州、定远一带防堵皖北捻军。率所部团勇败太平军。

1854 年（咸丰四年）　攻克含山县城。因功赏加知府衔。

1855 年（咸丰五年）　其父暴卒于军次，奔父丧。10 月，随总兵郑魁士等复庐州府。记名以道府用。

1856 年（咸丰六年）　叙功赏加按察使衔。

1857 年（咸丰七年）　所部团练被太平军败散，奉母北逃。遇道员缺简放。

1858 年（咸丰八年）　庐州再陷，祖宅被焚。赴江西建昌，入曾国藩幕府。

1859 年（咸丰九年）　在曾国藩幕府。奉旨授福建延建邵遗缺道，未赴任。

1860 年（咸丰十年）　曾国藩署两江总督。随曾国藩抵达皖南祁门驻营后离开曾幕返回江西。

1861 年（咸丰十一年）　抵东流，重入曾国藩幕府。曾国藩保举其为江苏巡抚。

1862 年（同治元年）　组成淮军数营，率淮军两千余人由安庆启行赴上海。实授江苏巡抚。

1863 年（同治二年）　奏请在上海、广州添设外国语言文字学馆。12 月，苏州太平军献城投降，杀八降将。赏太子少保衔，赏穿黄马褂。

1864 年（同治三年）　率淮军攻陷常州，赏骑都尉世职。遣散"常胜军"。赐封一等伯爵（次年赐伯号肃毅），赏戴双眼花翎。

1865 年（同治四年）　署两江总督。奏请置办上海虹口洋人铁厂机器，与原有两局，归并为江南制造总局。

1866 年（同治五年）　授钦差大臣，专办"剿捻"事宜。

1867 年（同治六年）　授湖广总督，仍在军营督办"剿捻"事宜。平东捻军。

1868 年（同治七年）　西捻军入直隶，因应援不力，拔去双眼花翎，褫去黄马褂，革除骑都尉世职。平西捻军，开复一切处分，赏加太子太保衔，并以湖广总督协办大学士。

1869 年（同治八年）　接任湖广总督。

1870 年（同治九年）　统兵入陕，镇压入陕之回民起义。奉命带兵赴京畿驻扎。调补为直隶总督。12 月，兼北洋通商大臣。

1871 年（同治十年）　　与曾国藩联名致函总理衙门，宜选聪颖子弟赴美留学。派为全权大臣，办理日本通商条约事务，与日本签订《中日修好条规》及《通商章程》。

1872 年（同治十一年）　　与日本使者谈判换约，拒绝日方改约要求。授为武英殿大学士，仍留直督任。奏请试办轮船招商局。

1873 年（同治十二年）　　在天津与日本换约。与秘鲁使臣谈判订立通商条约。

1874 年（同治十三年）　　日军侵台。与秘鲁使臣签订《中秘查办华工专条》及《中秘友好通商条约》。上《筹议海防折》。授文华殿大学士。

1875 年（光绪元年）　　督办北洋海军事宜。与英国使臣威妥玛谈判处理"马嘉理案"。

1876 年（光绪二年）　　与威妥玛签订中英《烟台条约》。

1877 年（光绪三年）　　天津试办电报成功。遵旨整顿轮船招商局。

1878 年（光绪四年）　　在大沽口勘验从英国购到的"龙骧"等四艘炮艇。

1879 年（光绪五年）　　在天津与美国前总统格兰特会晤。致函朝鲜前国相李裕元，劝朝鲜与泰西各国立约，借以牵制日本。奏报筹购快船、铁甲船，并延洋将教练。

1880 年（光绪六年）　　奏请设南北洋电报。在天津设立电报学堂。奏称建筑铁路有九大利。与王闿运书中云："处今日时势，外须和戎，内须变法。"

1881 年（光绪七年）　　修成开平煤矿唐山至胥各庄铁路十公里，为中国自造铁路之始。上海、天津电线成，设电报局于天津。

1882 年（光绪八年）　　奏报在上海试办机器织布。派马建忠与法国使臣宝海商订越事办法三条。

1883 年（光绪九年）　　回籍葬母。与法国特使脱利古在上海谈判。致函总署，中国实力不足，越事应早结束。

1884 年（光绪十年）　　与法国专使福禄诺在天津签订《中法简明条款》。

1885 年（光绪十一年）　　与日本签订《天津条约》。与法国签订《中法新约》。设海军事务衙门，奕譞为总理，李鸿章会同办理。

1886 年（光绪十二年）　　与醇亲王奕譞、善庆及太监李莲英等自大沽赴旅
顺巡查海防。

1888 年（光绪十四年）　　出巡渤海，验收"致远"等新舰。津沽铁路告
成，亲往查验，并履看唐山煤矿。向海军衙门呈递《北洋海军章程》，
海军衙门奏定官制，北洋海军正式成军。

1889 年（光绪十五年）　　光绪亲政。奏请授北洋水师将领官职。致函奕
譞，详陈创修铁路本末。

1890 年（光绪十六年）　　奉诏与奕譞会同总署商议朝鲜问题。

1891 年（光绪十七年）　　受命督办关东铁路。由大沽乘船出海，巡阅
海军。

1892 年（光绪十八年）　　奏报订定《中俄边界连接陆路电线条约》。

1893 年（光绪十九年）　　复驻日公使汪凤藻函，论日本海军处处胜我一
筹。奉诏筹办查勘永定河工。

1894 年（光绪二十年）　　自天津起程校阅海军。命丁汝昌派军舰赴仁川、
汉城护商，调直隶提督叶志超等赴朝。日舰击沉中国所雇运兵船"高
升"号。日军进攻牙山。中日宣战。日军进攻平壤，清军败逃。中日
黄海之战，北洋海军四舰沉没。被拔去三眼花翎，褫去黄马褂。

1895 年（光绪二十一年）　　北洋舰队覆灭。派为头等全权大臣赴日议和。
在日遇刺受伤。签订《马关条约》。命入阁办事，直督由王文韶调任。

1896 年（光绪二十二年）　　赴俄参加沙皇加冕仪式。签订《中俄密约》。
先后出访德国、荷兰、比利时、法国、英国、美国、加拿大等国。命
在总理衙门大臣上行走。因擅入圆明园，罚俸一年。

1897 年（光绪二十三年）　　与英使窦纳乐签订《中英滇缅境界及通商修
正条约》。

1898 年（光绪二十四年）　　与德国签订《胶澳租界条约》。与俄国签订
《旅大租地条约》。与英国签订《展拓香港界址专条》。奉诏履勘山东
黄河工程。

1899年（光绪二十五年）　　奏山东黄河大治办法及救急治标办法。派为商
　　务大臣，前往通商各埠考察商务。署两广总督。

1900年（光绪二十六年）　　实授两广总督。命迅速来京。清廷下诏与各国
　　宣战。致电盛宣怀，不奉宣战诏书。调为直隶总督兼北洋大臣。授为
　　全权大臣，与各国议和。上谕准其便宜行事。

1901年（光绪二十七年）　　与德、奥等十一国代表签订《辛丑条约》。署
　　外务部大臣，继续与俄国就接收东三省谈判。11月7日，在北京病
　　逝，享年79岁。清廷照大学士例赐恤，谥文忠，追赠太傅，晋封一
　　等侯爵，入祀贤良祠。

主要著作

顾廷龙、戴逸主编：《李鸿章全集》，安徽教育出版社，2007年。

参考书目

1. 雷禄庆编：《李鸿章年谱》，台湾商务印书馆，1977年。

2. 王芸生编著：《六十年来中国与日本》（1~4册），生活·读书·新
知三联书店，1979年、1980年。

3. 王尔敏：《淮军志》，"中央研究院"近代史研究所，1981年。

4. 龚书铎主编：《中国通史参考资料》（近代部分），中华书局，1985年。

5. 阮芳纪、左步青、章鸣九编：《洋务运动史论文选》，人民出版社，
1985年。

6. 黎庶昌：《曾国藩年谱》，岳麓书社，1986年。

7. 顾廷龙、叶亚廉主编：《李鸿章全集》（1~3册），上海人民出版社，
1985年、1986年、1987年。

8. 郭廷以编著：《近代中国史事日志》，中华书局，1987年。

9. 李时岳、胡滨：《从闭关到开放》，人民出版社，1988年。

10. 梁启超：《饮冰室合集》（第 6 册），中华书局，1989 年。

11. 苑书义：《李鸿章传》，人民出版社，1991 年。

12. 夏东元：《洋务运动史》，华东师范大学出版社，1992 年。

13. ［美］刘广京、朱昌峻编：《李鸿章评传》，上海古籍出版社，1995 年。

14. 吴汝纶、李国杰编：《李鸿章全集》，海南出版社，1997 年。

15. 苏同炳：《中国近代史上的关键人物》（上册），百花文艺出版社，2000 年。

16. 梁启超：《李鸿章传》，海南出版社，2001 年。

17. 翁飞：《李鸿章官场艺术与人际权谋》，陕西师范大学出版社，2001 年。

18. 谢世诚：《李鸿章评传》，南京大学出版社，2006 年。

19. 董丛林：《李鸿章的外交生涯》，团结出版社，2008 年。

20. 雷颐：《李鸿章与晚清四十年》，山西人民出版社，2008 年。